CARINA HOFMEISTER

EASY Camper GUIDE

IM CAMPERVAN DURCH NORWEGEN UND SCHWEDEN

Mit entspannter 15-Tage Rundreise

PaulCamper

www.paulcamper.de

LIEBE

Camper

REISENDE

Heute nicht wissen, wo es am nächsten Tag hingeht. Sich treiben lassen können und auf das eigene Gefühl hören. Am Morgen von den ersten Sonnenstrahlen wach gekitzelt werden. Spontanes Frühstück am Flussufer, im Hintergrund singen euch die Vögelchen ein Lied. Ein Mittagsschläfchen am Waldrand unter der großen Tanne, die schützend ihre Äste über euch ausstreckt. Das Plätzchen vorne an der Klippe ermöglicht einen spektakulären Blick in den leuchtenden Nachthimmel. Das federweiche Bett erwartet euch mit wohliger Wärme, wo immer ihr möchtet …

FREIHEIT, UNABHÄNGIGKEIT, ABENTEUER, NATUR.
REISEN MIT CAMPERN, DIE HERZ UND SEELE HABEN!
MIT PAULCAMPER MÖCHTEN WIR DIR UND ALLEN REISEHUNGRIGEN
DIESE INDIVIDUELLE ART DES REISENS ERMÖGLICHEN!

Das war mein Ziel, als ich PaulCamper 2013 gegründet habe, und es macht mich glücklich, dass wir diesem Ziel jeden Tag ein Stückchen näher kommen. PaulCamper ist mittlerweile die größte Camper-Sharing-Plattform für private Camper und Wohnmobile in Deutschland. Aktuell sind wir dabei, unser Angebot auf Europa auszuweiten. Unsere Gemeinschaft ermöglicht es Reisenden ohne eigenen fahrbaren Untersatz, ein Mobil für den eigenen Urlaub zu mieten. Das sorgt nicht nur für unvergessliche Reiseerlebnisse. Auch unsere Vermieter von Wohnmobil und Co. profitieren davon: Sie können ihr liebstes Hobby auch anderen ermöglichen und Stillstandzeiten des Fahrzeugs gehören der Vergangenheit an. Nebenbei kann die Haushaltskasse auch noch aufgebessert werden.

Wir wünschen euch ein unvergessliches Camperabenteuer und frohe Fahrt!

Dirk Fehse
Gründer und Geschäftsführer von PaulCamper
Von seinem Team auch liebevoll „Head of Passion“ genannt

Wie du dieses Buch richtig nutzt

In diesem Buch haben wir die perfekte Route durch Norwegen und Schweden in 15 Tagen für euch zusammengestellt. Die Erstellung erfolgte auf Basis gründlicher Recherche und von Erfahrungen echter Skandinavien- und Camping-Experten.

Wir wollen euch mit diesem Buch ein Rundum-sorglos-Paket für die Reise in die Hand geben. Ihr braucht euch also nur ins Auto zu setzen und loszufahren – wir haben alles recherchiert und alles, was ihr benötigt, findet ihr hier.

Im ersten Kapitel erfahrt ihr alles Wichtige zur Vorbereitung der Camperreise. Wir haben alle notwendigen, aber auch interessanten Informationen zusammengesammelt, die man für eine gelungene Camperreise benötigt. Das gilt insbesondere, wenn ihr das erste Mal mit einem Wohnmobil unterwegs seid. Es geht los mit einer genauen Beschreibung der Route, dann folgen zusätzliche Informationen zu den bereisten Ländern und nützliche Campingtipps. Ihr erfahrt, wie die Maut in Skandinavien funktioniert, ob ihr auch wildcampen dürft, und erhaltet nützliche Spartipps für Norwegen und Schweden. Wir stellen euch die besten Camping-Apps vor und geben praktische Tipps zum Wandern in Skandinavien.

Im nächsten Teil findet ihr alle wichtigen Listen: Welches Sicherheitsequipment braucht ihr, welche Ausrüstung benötigt ihr zum Campen, was gehört in die Campingküche und zuletzt noch eine detaillierte Packliste für den persönlichen Bedarf.

Wir empfehlen euch, das Einstiegskapitel gründlich zu studieren, damit ihr euch schon einmal auf die Reise vorbereiten könnt. Mit einem Camper muss man doch manchmal ein paar spezielle Vorbereitungen treffen und eventuell noch Dinge besorgen, damit auf der Reise dann nichts Wichtiges fehlt.

AB DEM ZWEITEN TEIL GEHT ES DANN RICHTIG LOS!
Die Reise kann starten und jede Station hat ein eigenes Kapitel. Zunächst zeigen wir euch die jeweilige Tagesetappe mit der Kilometeranzahl und der jeweiligen Fahrzeit. Dann gibt es alle Tipps und Infos für die jeweilige Station. Als Erstes kommen die von uns ausgewählten Campingplätze, damit ihr gleich wisst, wo ihr mit eurem Camper euer Lager aufschlagen könnt. Dann zeigen wir euch die interessantesten Sehenswürdigkeiten, spannende Aktivitäten und die schönsten Naturplätze. Auch empfehlenswerte Restaurants und einen Rezepttipp für das Kochen unterwegs stellen wir euch vor. Zum Schluss gibt es noch ein Interview mit einem Experten oder Local, der uns seine Geheimtipps für die jeweilige Station verrät.

Das Buch ist so aufgebaut, dass ihr jeden Tag wisst, wohin ihr fahren müsst, wo ihr übernachten könnt und was ihr dort erleben könnt. Ihr könnt dem Reiseführer auf eurer Tour also von Station zu Station folgen und braucht euch nicht um langwierige Recherche und Planung kümmern.

EINFACH EINSTEIGEN, LOSFAHREN UND DIE REISE GENIESSEN!

Viel Spass!

Inhalt

© SAMUEL TAIPALE – VISIT NORWAY

INFOS
& ROUTE
Kapitel
eins

AND SO THE

adventure

BEGINS

EURE ROUTE DURCH NORWEGEN UND SCHWEDEN

Diese Länder stehen für Weite, wilde Natur, atemberaubende Landschaften, kraftvolle Wasserfälle, beeindruckende Fjorde, heimelige Dörfer, moderne Städte und skandinavische Gemütlichkeit.

Diese aufregende 15-tägige Tour durch Norwegen und Schweden führt euch zu den schönsten Landschaften, den bekanntesten Sehenswürdigkeiten und den hübschesten Städten und Dörfern. Ihr werdet die norwegischen Fjorde entdecken, spannende Wanderungen unternehmen, die Natur bestaunen und die süßen Städte kennenlernen.

Die Route ist in Form einer halben Rundreise gestaltet, wobei sie in Südnorwegen beginnt und in Südschweden endet. Startpunkt ist das norwegische Stavanger, dann geht es hoch Richtung Bergen und ins kleine Flåm. Danach geht es weiter zum berühmten Dorf Geiranger im gleichnamigen Fjord und über die bekannte Straße Trollstigen nach Lillehammer und nach Oslo. Von Oslo aus führt die Route weiter nach Schweden, genauer nach Göteborg, und zum Schluss nach Malmö.

Insgesamt hat die Strecke eine Länge von 1.800 Kilometern. Die Tagesetappen variieren dabei zwischen 170 und 420 Kilometern maximal und sind durchschnittlich etwa 250 Kilometer lang. Die An- und Abreise ist in dieser Strecke nicht mit eingerechnet. An Fahrtagen werdet ihr durchschnittlich drei Stunden unterwegs sein, die jeweiligen Tagesetappen varriieren jedoch in der Länge. Während der Tour werden sich Fahrtage mit Ruhetagen abwechseln, damit ihr auch die Gelegenheit habt, die Orte zu entdecken, Wanderungen zu unternehmen oder einfach nur in der skandinavischen Natur zu entspannen. Die Tour selbst ist für 13 Tage geplant, sodass ihr mit An- und Abreise 15 Tage unterwegs sein werdet. Auf der Route werdet ihr mehrfach Fähren nutzen müssen, es wird einige Mautstationen geben und auch den einen oder anderen Tunnel, durch den ihr fahren müsst. Gleichzeitig werdet ihr während der Fahrt mit atemberaubenden Landschaften und Ausblicken belohnt und könnt auch so manches Mal über berühmte Landschaftsstraßen fahren.

Was ihr bei der Reise jedoch nicht unterschätzen solltet, ist die Geschwindigkeit, mit der ihr mit dem Camper vorankommt. Es gibt keine richtigen Autobahnen und auf den „Schnellstraßen" kann man höchstens 80 bis 90 km/h fahren. Im Schnitt ist man aber nicht schneller als mit 70 km/h unterwegs, da man häufig Orte passiert, auf die Fähre wartet, auf kurvigen Straßen fährt oder einen der vielen Fotostopps einlegt, wenn die Landschaft wieder so beeindruckend ist.

Wir haben die Route so ausgearbeitet, dass ihr eine gute Mischung zwischen Erholung und Entdecken habt, und hoffen, ihr erlebt eine unvergessliche Reise!

SO, UND NUN KANN ES ENDLICH LOSGEHEN!

Norwegen

Willkommen im Land der Fjorde und Polarlichter, im Land der Gletscher und Wasserfälle – willkommen in Norwegen! Die endlos weiten, unberührten Naturlandschaften des hohen Nordens sind jedes Mal aufs Neue atemberaubend – in kaum einem anderen Land ist Camping so faszinierend und so voller Abenteuer wie in Norwegen. Und an kaum einem anderen Ort zahlt sich ein Haus auf vier Rädern so sehr aus wie hier, denn das Land ist sehr dünn besiedelt. Im Fokus steht daher meist die beeindruckende Wildnis des Landes.

HAUPTSTADT
Oslo

ZEITZONE
gleiche Zeitzone wie Deutschland (UTC+1 MEZ, März.–Okt.: UTC+2 MESZ)

WÄHRUNG
Norwegische Krone (NOK), Kurs: 1 EUR = 9,56 NOK (Stand Januar 2018)

AMTSSPRACHE
Norwegisch

LÄNDERVORWAHL
+47

DAS LAND

Das Königreich Norwegen liegt im Westen der skandinavischen Halbinsel und die Fläche Norwegens beträgt 386.958 km² und weist eine enorme Küstenlänge von etwa 25.000 Kilometer entlang des Atlantiks auf (mit den Küsten aller etwa 150.000 vorgelagerten Inseln sind es über 80.000 Kilometer). Viele schmale und tiefe Buchten führen weit ins Landesinnere, diese Fjordlandschaften bilden eine der Hauptattraktionen für Besucher. Von den ca. fünf Millionen Einwohnern Norwegens leben ca. 75 Prozent in den größeren Städten Oslo, Bergen, Trondheim, Stavanger und Frederikstad.

© UNSPLASH

EINREISE

Norwegen ist kein Mitglied der Europäischen Union, aber als Teil der Nordischen Passunion ist das Land Mitglied des Schengener Abkommens. Seit 2001 ist daher für Bürger der EU die Einreise erleichtert. Grundsätzlich sollte man immer einen gültigen Personalausweis oder Reisepass mitführen. Weitere Informationen zu den Visa- und Einreisebestimmungen Norwegens findet ihr auch auf der Website des Auswärtigen Amtes.

ZOLLBESTIMMUNGEN

Die norwegischen Zollbestimmungen sind sehr streng und es gelten verschiedene Einfuhrbeschränkungen und -verbote. Strikte Begrenzungen gibt es insbesondere für Alkohol und Tabakwaren. Reisende dürfen folgende Waren einführen, weitere Informationen zu den Einreisebestimmungen gibt es auf der Website der norwegischen Zollbehörden.

ALKOHOLISCHE GETRÄNKE

- 1 Liter Spirituosen und 1,5 Liter Wein und 2 Liter Bier (6× 0,33 l) oder
- 3 Liter Wein und 2 Liter Bier (6× 0,33 l) oder
- 5 Liter Bier (15× 0,33 l) oder
- 1 Liter Spirituosen und 3,5 Liter Bier (7× 0,5 l)

Alkohol und alkoholische Getränke dürfen nur von Personen über 18 Jahren eingeführt werden. Die Altersgrenze für die Einfuhr von alkoholischen Getränken mit einem Alkoholgehalt von mehr als 22 Volumenprozent ist 20 Jahre.

TABAKWAREN

Reisende über 18 Jahre:

- 200 Zigaretten oder
- 250 Gramm andere Tabakwaren und 200 Blatt Zigarettenpapier

LANDWIRTSCHAFTLICHE ERZEUGNISSE

- bis zu zehn Kilogramm Fleisch, Fleischprodukte und Käse und bis zu zehn Kilogramm Obst, Beeren und Gemüse, aber keine Kartoffeln

SICHERHEIT

Norwegen gehört zu den sichersten Ländern der Welt. Die Norweger schließen ihre Türen so gut wie nie ab, man sieht häufig Autos mit eingesteckten Zündschlüsseln, ungesicherte Boote und Kanus. Doch obwohl Norwegen so sicher ist, gilt auch hier der Grundsatz: Gelegenheit macht Diebe. Deshalb am besten einfach die üblichen Sicherheitsvorkehrungen treffen. Also vollgepackte Autos nicht unbeobachtet abstellen und Wertsachen nicht unmittelbar offen liegen lassen. Auch Mountainbikes sind überaus begehrte Objekte und sollten deshalb immer abgeschlossen werden.

VERKEHRSREGELN

- Rechtsverkehr
- Abblendlicht auch tagsüber gesetzlich vorgeschrieben
- Tempolimit innerorts: 30–50 km/h
- Tempolimit außerorts: 80–100 km/h (Schnellstraßen), Wohnmobile > 3,5 t = 80 km/h
- Wichtig: Geschwindigkeit immer den Wetterverhältnissen und der Sichtweite anpassen!
- Mögliche Gefahren: Wetterumschwünge, Wildwechsel (v. a. in der Dämmerung)
- Promillegrenze: 0,2
- Handyverbot am Steuer
- Fahrzeuge > 3,5 t: Schneekettenpflicht zwischen dem 15. Oktober und dem 1. Sonntag nach Ostern

NOTRUF

Feuerwehr: 110

Polizei: 112

Krankenwagen: 113

ZAHLUNGSWEISEN

Kreditkarten werden in den meisten Läden, Campingplätzen und Restaurants akzeptiert, teils nur mit PIN. In Städten und Ferienregionen gibt es viele Bankautomaten, an denen ihr meist auch mit eurer EC-Karte Geld abheben könnt.

KLIMA, TEMPERATUR, REISEZEIT

Norwegen liegt am Golfstrom und ist weltweit das nördlichste Land mit meist eisfreien Küstengewässern. Das Land bietet das ganze Jahr über beeindruckende Reiseerlebnisse, eure persönlichen Reisevorstellungen bestimmen daher die Reisezeit. Die beliebteste Reisezeit ist Mai bis Mitte August. Am farbenprächtigsten präsentiert sich die Natur von Mitte/Ende August bis Anfang Oktober, dann sind auch die ersten Nordlichter an klaren kalten Nächten am Polar-

himmel zu entdecken. Vor allem im Südosten des Landes findet man im Sommer warmes und trockenes Wetter. Obwohl Norwegen auf dem gleichen Breitengrad wie Alaska, Grönland und Sibirien liegt, ist im Vergleich zu diesen Gegenden das Klima in Norwegen sehr angenehm. Bei der Kleidung müsst ihr beachten, dass ihr euch auf die verschiedenen Wetterbedingungen einstellen könnt. Damit ihr bei wechselnden Wetterbedingungen bei Sonne und Wind gut ausgerüstet seid, findet ihr unsere ausführliche Packliste im nächsten Kapitel.

NATURSCHUTZ

In Norwegen und besonders in den arktischen Teilen des Landes wird auf Umweltschutz sehr geachtet. Es ist verboten, bedrohte Pflanzen und Tiere und deren Produkte zu sammeln, zu schädigen oder außer Landes zu bringen. Das Fahren abseits der normalen Straßen mit motorisierten Fahrzeugen ist verboten. Beim Wandern solltet ihr nach Möglichkeit nur auf markierten Pfaden bleiben, auch wenn das Jedermannsrecht gilt.

Schweden

... das ist ein Land, in dem sich einsame Natur mit bunten Großstädten abwechselt. In dem sich unberührte Schäreninseln hinter rauen Küstenabschnitten tummeln. In dem der Nachthimmel je nach Jahreszeit in hellem Sonnenschein oder in den spektakulären Farben der Nordlichter erstrahlt. Ein Land, in dem noch das Jedermannsrecht herrscht. Camping in Schweden bedeutet Freiheit und auch einen Hauch Abenteuer.

HAUPTSTADT
Stockholm

ZEITZONE
gleiche Zeitzone wie Deutschland (UTC+1 MEZ, März.–Okt.: UTC+2 MESZ)

WÄHRUNG
Schwedische Kronen (SEK), Kurs: 1 EUR = 9,76 SEK (Stand: Januar 2018)

AMTSSPRACHE
Schwedisch

LÄNDERVORWAHL
+46

DAS LAND

Das Königreich Schweden ist ein Land der kulturellen Unterschiede. Während die Großstädte schick, modern und progressiv sind, ist das Leben auf dem Land eher ruhig und bodenständig. Der Großteil der knapp 10 Millionen Einwohner lebt hauptsächlich in den größeren Städten Stockholm, Göteborg und Malmö. Die Landschaft von Schweden ist etwas sanfter als die dramatischen Küsten und Berge des norwegischen Nachbarn. Ein Großteil der Landschaft ist bewaldet und es gibt unzählige Seen, besonders zwischen Göteborg und der Hauptstadt Stockholm, sowie die unzähligen, beliebten Schäreninseln in der Ostsee.

© STEAMPIPE PRODUCTION STUDIO - VISIT SWEDEN

SICHERHEIT

Grundsätzlich ist Schweden ein sehr sicheres Reiseland. Zwar ist Wildcampen in Schweden erlaubt, aber vor allem in der Nähe typischer „Touristenstrecken“ wie der E 6/E 20 an der Westküste sollte man auch mit Caravan und Wohnmobil für die Übernachtung unbedingt Campingplätze oder für kurze Halte vorgesehene Quick Stops anfahren. Obwohl Schweden sehr sicher ist, ist es nicht ratsam, Wertsachen offensichtlich im Auto zu lassen. Auch in Zügen oder an Bahnhöfen sollte man auf seine Wertsachen besonders achten – Taschendiebe lieben das Gedränge.

VERKEHRSREGELN

- Rechtsverkehr
- Vorfahrtregelung: rechts vor links
- Promillegrenze: 0,2
- Kindersitzpflicht unter 135 cm Körpergröße
- Abblendlicht muss beim Fahren immer eingeschaltet sein, unabhängig von der Tageszeit
- Telefonieren und Bedienen eines Handys während der Fahrt ist verboten, es können auch Bußgelder für die Benutzung einer Freisprechanlage erhoben werden, sofern eine Ablenkung dadurch nachweisbar ist
- Tempolimit (innerorts): 30–50 km/h
- Tempolimit (außerorts): 70–90 km/h
- Tempolimit (Autobahn): 110–120 km/h

© PER PIXEL PETERSSON – IMAGEBANK SWEDEN

NOTRUF

Polizei/Feuerwehr landesweit 112

ZAHLUNGSWEISEN

Kreditkarten sind in Schweden sehr verbreitet und Bargeld ist stark im Rückgang. Die schwedischen Einwohner zahlen sogar kleinere Beträge häufig mit Karte. Mittlerweile wird sogar bei vielen Institutionen, wie öffentlichem Nahverkehr, Parkscheinautomaten sowie Sehenswürdigkeiten, gar keine Barzahlung mehr akzeptiert. Deshalb sollte man in Schweden unbedingt eine funktionstüchtige EC- oder Kreditkarte dabeihaben.

Trotzdem erhält man Bargeld an fast allen Geldautomaten (Bankomat) sowohl mit Kreditkarten als auch in den meisten Fällen mit der Maestro-EC-Karte. Oftmals wird allerdings eine Gebühr fällig, wenn man im Ausland Geld abhebt. Deshalb sollte man sich unbedingt vorher bei seiner Bank informieren.

KLIMA, TEMPERATUR, REISEZEIT

Die schönste Reisezeit für Schweden sind die Monate Juni, Juli und August. Der Frühling beginnt spät, selbst in Südschweden. Doch spätestens Mitte Mai, im Norden manchmal erst Anfang Juni, explodiert der nordische Frühling

und alles blüht gleichzeitig. Anfangs sind die Seen auch noch viel zu kalt zum Baden, aber ab Juli bieten sie eine willkommene Erfrischung. Ab Mitte September kann es in Schweden bereits zu Nachtfrost kommen und die Blätter färben sich langsam bunt. Von daher ist die beste Reisezeit von Mai bis September.

Auch im Sommer kann es abends etwas kühler oder windig werden, deshalb sollte man auch hier auf kältere Temperaturen oder Regen eingestellt sein.

MITTERNACHTSSONNE

Wem es auf die langen Sommernächte ankommt: Die Sonne scheint nördlich vom Polarkreis ganztägig. Je weiter südlich man sich befindet, desto kürzer ist die Spanne der Tageslänge. Aber auch in Göteborg geht die Sonne im Juni kaum richtig unter, es herrscht eine Art Dämmerung, die nur für ein paar Stunden der Dunkelheit weicht.

-Maut-

IN NORWEGEN

Fast alle Mautstationen sind automatisiert. Das bedeutet, dass die Abrechnung der Maut automatisch erfolgt. Ihr müsst an den Mautstationen nicht anhalten und es ist auch keine direkte Zahlung vor Ort nötig. Früher wurde ein Chip benötigt, doch seit einiger Zeit erfolgt die Bezahlung ausschließlich über eine Rechnung im Nachhinein.

UND SO FUNKTIONIERT ES:

Bei der Durchfahrt durch die Mautstation wird das Kennzeichen des Fahrzeugs automatisch registriert. Nach drei bis vier Wochen erfolgt die Zusendung einer Rechnung. Diese wird von einer Firma in London ausgestellt, also nicht wundern. Bei einem gemieteten Fahrzeug von PaulCamper erhält natürlich der Vermieter die Rechnung, die er dann an euch weiterleitet. Ihr könnt dem Vermieter gerne im Voraus mitteilen, dass wahrscheinlich eine Rechnung erfolgt, sodass er sich nicht wundert, wenn die Rechnung aus London ankommt. Nach Erhalt der Rechnung müsst ihr den Betrag auf ein deutsches Konto überweisen. Bei der normalen Überweisung fallen keinerlei zusätzliche Gebühren an!

HINWEIS:

Für gewerbliche Fahrzeuge über dreieinhalb Tonnen ist der Chip obligatorisch. Der Antrag für den Chip kann auf der Seite www.autopass.no ausgefüllt werden. Dort findet ihr auch noch weitere Informationen. Fast alle Mautstationen sind wie gesagt mittlerweile automatisiert. Nur ganz wenige, wie der Atlantiktunnel bei Kristiansund, sind bedient. Dort gibt es dann eine Kasse (Barzahlung; Spur: Manuell) oder auch eine Münzbox (Spur: Mynt/Coin).

Die Höhe der Mautkosten haben wir in der Beispielrechnung am Ende noch einmal aufgelistet.

© UNSPLASH

-wildcampen-

IN NORWEGEN UND SCHWEDEN

In den skandinavischen Ländern Norwegen, Schweden und auch Finnland gilt das Jedermannsrecht. Das bedeutet, dass man **praktisch überall das Zelt aufschlagen darf**, um für einen begrenzten Zeitraum (meist ein bis drei Tage) in der Natur zu übernachten. Sogar Privatgrundstücke sind eingeschlossen, eine Ausnahme bilden landwirtschaftlich genutzte Flächen. Der tragende Leitsatz lautet: „**Nicht stören und nichts zerstören**." Aus Respekt den Einwohnern gegenüber sollte man aber das Lager außerhalb der Sichtweite von Wohnhäusern und Straßen aufschlagen, um niemanden zu stören. Außerdem ist das „Hinterlasse-keine-Spuren"-Prinzip zu beachten, also den Übernachtungsplatz so hinterlassen, wie man ihn vorgefunden hat. In **Nationalparks und Naturschutzgebieten sind die Regelungen deutlich strenger**, hier ist das freie Campen oft nicht gestattet. Genauere Informationen kann man sich in den Besucherzentren vor Ort einholen. Man muss jedoch dazu sagen, dass das Jedermannsrecht nur für Zelte und nicht für **Fahrzeuge** gilt. Reisende, die mit dem Camper oder Wohnmobil unterwegs sind, können sich daher nicht auf dieses Recht berufen. Um Schäden an der Natur zu verhindern, darf das Reisemobil abseits offizieller Campingplätze nur am **Straßenrand** auf unkultiviertem Land abgestellt werden, solange nichts beschädigt und der Verkehr nicht behindert wird.

CAMPING IN NORWEGEN

- In Nationalparks/Naturschutzgebieten ist wildes Campen verboten
- Bis zu drei Tage Wildzelten ist nahezu überall erlaubt, solange nichts beschädigt wird und es nicht explizit verboten ist (Schilder beachten)
- Lager möglichst immer außerhalb der Sichtweite von Straßen und Häusern aufschlagen, aus Respekt vor den Anwohnern
- Wildcampen mit Wohnmobilen nur am Straßenrand (unkultiviertes Land!) und auf Privatgrundstücken mit Erlaubnis

CAMPING IN SCHWEDEN

- Zelten überall erlaubt (Ausnahme:landwirtschaftlich genutzte Flächen), solange man sich außerhalb der Sichtweite eines Wohnhauses befindet und nicht länger als eine Nacht an derselben Stelle übernachtet
- Wildcampen ist in Schweden mit Wohnmobil/Wohnwagen oft verboten, vor allem in Nationalparks – Fahrzeuge müssen am Straßenrand oder auf einem Stellplatz abgestellt werden
- Campingplätze in der Nähe größerer Städte oder der Küste sind meist teurer als im Inland

NÜTZLICHE

- Camping-Apps -

Zu den wichtigsten Camping-Apps gehören die Camping- oder Stellplatzfinder, die Wegfinder und die Spritfinder. Eine Offlinefunktion, bei der ihr die Karten und Daten meist per WLAN herunterladen könnt, ist neben möglichst geringen Anschaffungskosten immer wünschenswert. So spart ihr Datenvolumen und seid nicht von der Netzabdeckung eures Mobilfunkanbieters abhängig. Gerade an Seen oder in den Bergen gibt es gerne mal Funklöcher. Diese beiden Kriterien kollidieren jedoch oft, da Offline-Camping-Apps in der Regel mehr Geld kosten. Alles in allem lohnt es sich aber mitunter, das Geld zu investieren und sich den Straßenatlas oder Campingplatz oder Campingreiseführer zu sparen.

Die Camping-Apps sollten immer auf dem neuesten Stand sein. Jeder noch so hübsch designte Stellplatzfinder bringt euch nichts, wenn es den Campingplatz gar nicht mehr gibt oder die Preise nicht stimmen. Die Darstellung der gesuchten Tankstellen und Stellplätze sollte im besten Fall in einer Liste und einer Karte angezeigt werden oder zumindest mit einer anderen Navigations-App auf eurem Smartphone kompatibel sein. Dann müsst ihr nicht immer hin- und herwechseln oder alles von Hand eingeben. Filterfunktionen wie Umkreissuche, Bewertungen und Preis erleichtern die Orientierung bei einer großen Menge an Informationen. Gerade für Campingplätze sind Bewertungen in der App eine wichtige Funktion und Entscheidungshilfe.

CAMPINGPLATZ- STELLPLATZ-APPS

ADAC Camping, Campercontact und womo-stellplatz.eu

In jeder dieser drei Camping-Apps durchsucht ihr tausende europäische Stell- und Campingplätze. Angezeigt werden euch die Ergebnisse dann sowohl auf einer Karte als auch in einer übersichtlichen Liste. Alle drei Camping-Apps bieten euch umfassende Filtermöglichkeiten an, zum Beispiel nach Preis, Bewertungen, Entfernung, Art des Stellplatzes, Größe des Campingplatzes und so weiter. Auf diese Weise findet ihr eure nächste Wunschübernachtung einfach und schnell. Euren Urlaub von zuhause aus zu planen, ist mit den Camping-Apps genauso problemlos möglich, da sie alle mit einer Universalsuche ausgestattet sind.

Campercontact und **womo-stellplatz.eu** bieten euch kostenfreie Versionen an. Wenn ihr die komplette Palette an Campingplätzen und die Offlinefunktionen nutzen wollt, solltet ihr die Vollversionen der Camping-Apps kaufen. Aufgrund der jährlichen Aktualisierungen müsst ihr die neueste App-Version von allen drei Anbietern einmal im Jahr kaufen.

SPRITFINDER-APPS FÜR DAS SMARTPHONE

ADAC-Spritpreise

Die kostenlose ADAC-App zeigt euch Tankstellen und Mautgebühren im In- und Ausland an. Ihr könnt nach verschiedenen Kriterien filtern: Spritpreis, Entfernung, Marke und Aktualität sind nur ein paar davon. Offline funktioniert diese Camping-App leider nicht und auch die Karten- bzw. Navigationsfunktionen sind manchmal nicht so genau.

CAMPING-APPS FÜR NAVIGATION UND VERKEHR

App: Here WeGo

Der kostenlose Routenplaner navigiert euch im Camper, mit dem Fahrrad oder zu Fuß überall hin – auch offline. Dafür ladet ihr das benötigte Kartenmaterial auf euer Smartphone und los gehts. Auch wenn sie vielleicht nicht so ausgefeilt funktioniert wie Google Maps, ist Here WeGo eine der zuverlässigsten Camping-Apps mit einem umfassenden Angebot an Karten.

© CARINA HOFMEISTER

5 -Spartipps-

FÜR NORWEGEN UND SCHWEDEN

Viele träumen von einem Urlaub in Norwegen und Schweden, doch es herrscht oft einhellig die Meinung, dass die skandinavischen Länder zu teuer sind. Ja es stimmt, Norwegen und Schweden sind nicht billig. Aber es gibt einige Tipps, wie ihr trotzdem im Urlaub sparen und so euren Geldbeutel schonen könnt.

1. MIT DEM CAMPER REISEN

Da ihr dieses Buch in den Händen haltet, gehen wir davon aus, dass ihr euch für eine Campingreise entschieden habt. Das ist auch gut so, denn mit dem Camper spart ihr einiges an Geld, das ihr andernfalls für Hotels hättet ausgeben müssen. Die Campingplätze in Norwegen und Schweden sind zwar nicht immer ein Schnäppchen, aber verglichen mit Hotels kommt ihr hier deutlich günstiger weg. Außerdem würdet ihr für so eine Rundreise eh ein Auto oder einen Mietwagen benötigen, sodass ihr mit dem Camper gleich beides kombiniert.

2. FÄHRPREISE VERGLEICHEN

Es gibt diverse Fährverbindungen von Deutschland bzw. von Dänemark nach Norwegen. Dabei fahren häufig mehrere Reedereien die gleiche Verbindung. Ein Vergleich der einzelnen Linien lohnt sich und so können einige Euros gespart werden.

3. WENIGER ESSEN GEHEN UND LEBENSMITTEL MITNEHMEN

Essen gehen in Norwegen kann arm machen. So kommt es nicht selten vor, dass eine Pizza in einem normalen Restaurant zwischen 20 und 30 Euro kostet. Geht nur in die guten Restaurants! Der Preisunterschied zwischen mittelmäßigen und teuren Restaurants ist nicht mehr so groß. Deshalb solltet ihr, wenn ihr essen gehen wollt, lieber gleich in die schicken Restaurants gehen. Wer asiatisch mag, findet auch bei den kleinen Asiaten häufig sehr faire Preise und gute Qualität. Generell sollte man sich das Essengehen eher für die besonderen Momente aufheben, da die Preise doch manchmal schockieren können. Aber auch das Einkaufen im Supermarkt ist teurer als in Deutschland. Das unterscheidet sich zwar auch von Produkt zu Produkt. Beispielsweise sind „Luxusprodukte" wie Lachs sehr günstig im Vergleich zu deutschen Preisen, dafür aber ist Brot sehr teuer. Generell empfiehlt sich, so viel wie möglich bereits aus Deutschland mitzunehmen! Also, kauft vorher alles ein, was sich länger hält, und packt den Camper voll mit haltbaren Lebensmitteln wie Nudeln, Reis oder auch Dosengemüse etc. Frische Waren wie Fleisch oder Gemüse bekommt ihr günstiger in den Supermärkten von Kiwi oder Rema 1000. Wer abends gerne Bier oder Wein trinkt, sollte diesen auch unbedingt schon zuhause einkaufen, da in Skandinavien die Steuern für Alkohol sehr viel höher sind. Viele Zutaten unserer Rezepte im Buch könnt ihr bereits von zuhause mitnehmen, so könnt ihr auch bei den Lebensmittelkosten einiges sparen.

TIPP: Nicht zu empfehlen sind Fertigprodukte: Diese sind unverhältnismäßig teuer und auch noch von schlechter Qualität.

© CARINA HOFMEISTER

4. VORAUSPLANEN UND AUSSERHALB DER SAISON REISEN

Wer keine Kinder im Schulalter hat und nicht von Ferienzeiten abhängig ist, sollte außerhalb der Saison reisen. Die Hauptsaison ist von Juli bis August. Generell ist die Tour nur von Frühjahr bis Herbst empfehlenswert, da im Winter viele Straßen nicht oder nur mit Schneeketten befahrbar sind und viele Campingplätze ab Oktober schließen. Wer beispielsweise schon im Juni oder erst im September fahren kann, sollte das bevorzugen: Weniger Touristen und billigere Preise sind ein großer Vorteil der Saisonrandzeiten. Auch gute Planung hilft beim Geldsparen: So sind zum Beispiel manche Sehenswürdigkeiten oder Attraktionen an manchen Tagen kostenlos oder haben vergünstigten Eintritt.

5. DIE SCHÖNSTEN DINGE SIND UMSONST

Wegen ausgedehnter Shoppingtouren oder großer Kulturevents kommt eigentlich keiner nach Skandinavien. Und auch wenn Norwegen und Schweden eher nicht zu den günstigen Reisezielen gehören, sind doch die besten Dinge auf dieser Reise umsonst: die beeindruckende Natur, die spannenden Wanderungen und die Spaziergänge durch die niedlichen, kleinen Städte.

12 TIPPS RUND UMS
– wandern –

1. Plant eure Tour im Voraus und gebt jemandem Bescheid, wohin ihr geht.
2. Schaut euch die Wanderung an und stimmt sie mit euren Konditionen und eurer körperlichen Fitness ab!
3. Berücksichtigt die Wetter- und Lawinenvorhersage!
4. Seid auf schlechtes Wetter vorbereitet, auch bei kurzen Wanderungen!
5. Habt immer ein kleines Erstes-Hilfe-Set dabei, um euch selbst oder anderen bei Verletzungen zu helfen!
6. Sucht euch die sicheren Wanderwege aus. Gesperrte Wege oder als unsicher markierte Wege sowie dünnes Eis sind zu meiden!
7. Benutzt Wanderkarten und einen Kompass, damit ihr immer wisst, wo ihr euch gerade befindet!
8. Kehrt um, wenn ihr merkt, dass ihr den Weg nicht schafft. Es ist keine Schande, ihn wieder zurückzugehen!
9. Teilt euch eure Energie richtig ein und sucht euch Schutz, falls ihr ihn benötigt!
10. Nehmt genug zu trinken mit! Am besten Wasser oder isotonische Drinks.
11. Auch genügend Essen oder kleine Snacks sind wichtig! Ausreichend mitnehmen, denn sie sind ein guter Energielieferant.
12. Tragt stabile und robuste Schuhe, am besten Wanderschuhe! Flip-Flops oder Sandalen sind nicht geeignet.

FJÄLLRÄVEN
KÅNKEN

PACKLISTEN

CAMPEREQUIPMENT

DAS GEHÖRT UNBEDINGT AN BORD:

- Gasflasche (und evtl. Gasinhaltsmesser)
- Wasserschlauch für Frischwasser
- Abwasserschlauch
- Kabeltrommel
- Campingstromadapter
- Auffahrkeile oder Holzbretter als Stütze
- Campingstühle und Tisch
- Markise oder Vorzelt
- Gummihammer und Heringe
- Grill (Koffergrill oder Gasgrill)
- Handfeger und Schaufel
- Wäscheleine und Klammern
- Campingleuchte oder Laterne
- Sanitärflüssigkeit für Campingtoilette (falls vorhanden)
- Decke und Kopfkissen, alternativ: Schlafsack

ZUSÄTZLICH:

- Stellplatzführer
- Hängematte
- Decke
- Kartenspiele

SICHERHEITSEQUIPMENT

NIEMALS OHNE FAHREN:

- Verbandskasten (Ablaufdatum beachten)
- Warndreieck
- Warnweste (1x pro Person)
- Feuerlöscher
- Ersatzreifen
- Wagenheber
- Radkreuz
- Ersatzkanister und Einfüllstutzen
- Motoröl
- Werkzeugkasten
- Starthilfekabel
- Abschleppseil
- Taschenmesser
- Duct-Tape
- Taschenlampe oder Stirnlampe
- Evtl. Ersatz-Glühbirnen und -Sicherungen

PERSÖNLICHE DOKUMENTE

DAMIT KANN NICHTS SCHIEFGEHEN:

- Ausweis/Reisepass
- Krankenversicherungskarte (oder Auslandskrankenversicherung)
- Führerschein
- Fahrzeugpapiere
- Kreditkarten
- Bargeld (als Notgroschen)
- evtl. PaulCamper-Unterlagen (Notfallnummern, Schutzbrief, Unterlagen, Übergabeprotokoll)

PACKLISTEN

CAMPINGKÜCHE

EURE KÜCHENUTENSILIEN

- Kühlbox (sofern kein Kühlschrank eingebaut)
- Töpfe
- Pfanne
- Schneidemesser
- Besteck
- Geschirr (Teller, Tassen, Gläser)
- Flaschenöffner/Weinöffner
- Schere
- Geschirrtücher
- Spülmittel
- Lappen
- Müllbeutel
- Kaffeekocher (Espressokocher, Handfilter)
- Kaffee
- Dosenöffner
- Kochlöffel, Pfannenwender
- Schneebesen
- Feuerzeug, Streichhölzer
- Topflappen
- Küchenrolle
- Tupperdose (für Reste)
- Sieb
- Reibe
- Grill

EURE KÜCHENZUTATEN:

- Salz & Pfeffer
- Gewürze
- Öl
- Vorratslebensmittel (Nudeln, Reis, Linsen)
- Müsli, Cornflakes
- Brot, Aufstriche
- Gemüsekonserven: Tomaten, Mais, Kidneybohnen
- Notration Essen (z.B. Dosenravioli)
- Getränke (Saft, Wasser)
- Wein
- Bier

HYGIENE

DAMIT IHR EUCH AUF DER CAMPERREISE WOHLFÜHLT:

- Zahnbürste und Zahnpasta
- Duschgel und Shampoo
- Seife
- Deo
- Microfaser-Handtücher
- Handwaschmittel (Rei in der Tube)
- Toilettenpapier
- Feuchttücher
- Desinfektionsmittel
- Sonnencreme
- Mückenspray
- Nagelset (inkl. Pinzette!)

PACKLISTEN

REISEAPOTHEKE

FÜR DEN NOTFALL MITNEHMEN:

- Paracetamol, Ibuprofen
- Durchfallmittel (z.B. Immodium)
- Elektrolyte (z.B. Elotrans)
- Reisekaugummis (gegen Reiseübelkeit)
- Aspirin
- Bepanthen Salbe
- Pflaster und Mullbinde
- Fieberthermometer
- Voltaren-Salbe

TECHNIK

DAMIT IHR EURE REISE FESTHALTEN KÖNNT:

- Straßenkarte
- Navi
- Handy und Ladekabel
- Laptop oder Tablet und Ladekabel
- Kamera und Ladegerät
- Speicherkarten
- externe Festplatte (falls nötig)
- USB-Adapter für Zigarettenanzünder
- Powerbank
- Reisetagebuch
- Papier und Stift
- Musik (CDs, USB-Stick, Playlisten usw.)

KLEIDUNG

DAS BRAUCHT IHR ZUM ANZIEHEN:

- Unterwäsche
- Socken
- Jeans, Hosen
- Pullover
- Hemden
- T-Shirts
- Kurze Hosen
- Jogginghose/Stoffhose
- Pyjama
- Outdoor-Jacke (wind- und regenfest)
- Feste Schuhe oder Turnschuhe
- Badehose oder Bikini
- Flip-Flops

FÜR WANDERER:

- Wanderschuhe
- Wanderhose
- Regenjacke

EURE REISE
Kapitel zwei

+++ EURE +++

Route

DURCH NORWEGEN

	TAG	ENTFERNUNG	FAHRTZEIT	BESONDERHEITEN
Hirthals nach Stavanger	Tag 1	Abhängig von Startpunkt	Ebenfalls abhängig	Fähre
Stavanger nach Bergen	Tag 3	210 km	5 Std. (inkl. Fähren)	Fähren (2x) Tunnel (mehrere) Maut
Bergen nach Flåm	Tag 5	170 km	2,5 Std.	Maut
Flåm nach Geiranger	Tag 7	270 km	6 Std. (inkl. Fotostopps)	Aussichtsplattform Längster Tunnel der Welt (optional) Fähre (2x)
Geiranger nach Lillehammer	Tag 9	320 km	5,5 Std (inkl. Fotostopps)	Panoramastraße Trollstigen Fähre
Lillehammer nach Oslo	Tag 10	190 km	2 Std.	Maut
Oslo nach Göteborg	Tag 12	290 km	3 Std.	Maut
Göteborg nach Malmö	Tag 14	275 km	3 Std.	Maut
Gesamt		1725 km	27 Std.	

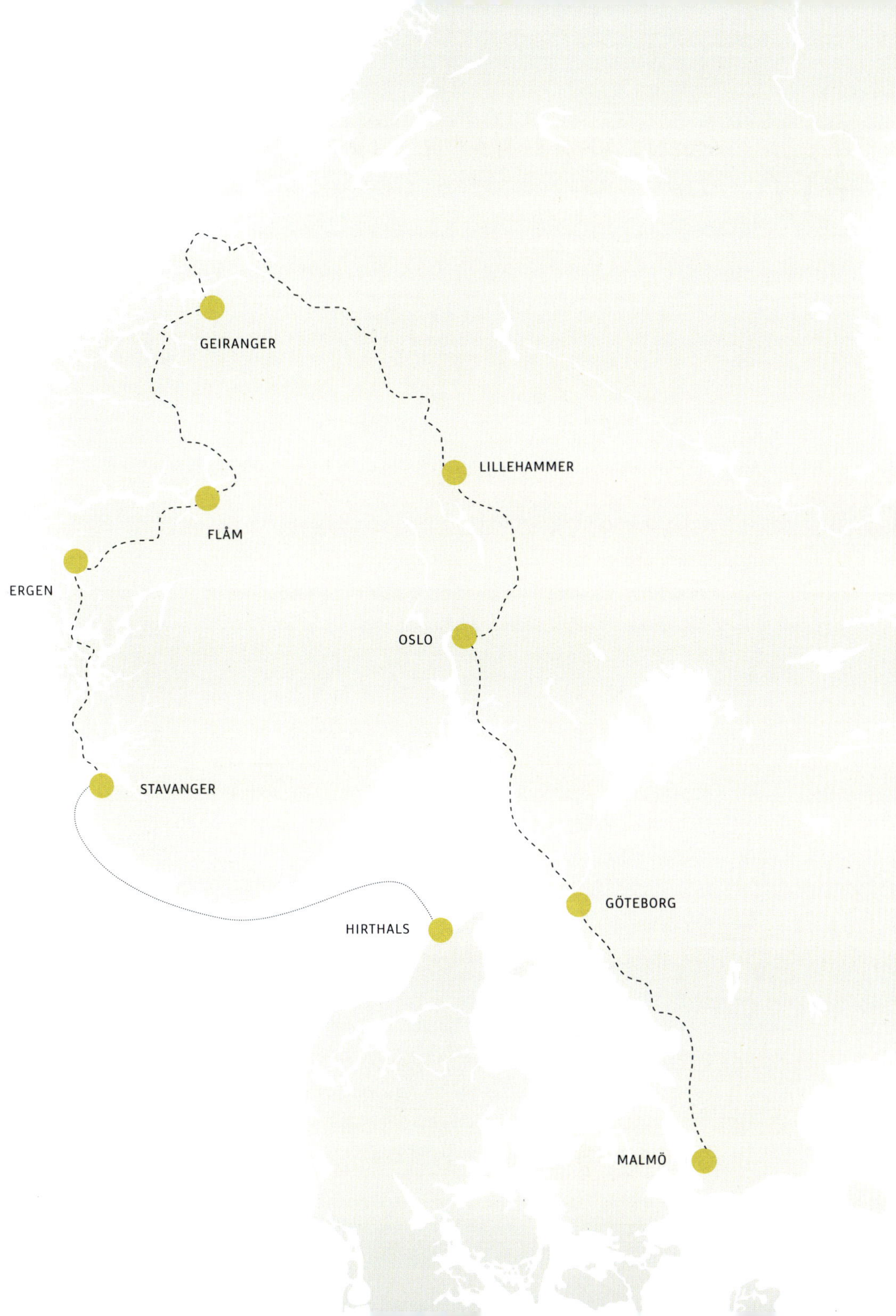
GEIRANGER
LILLEHAMMER
FLÅM
ERGEN
OSLO
STAVANGER
GÖTEBORG
HIRTHALS
MALMÖ

Tag 1

ANFAHRT NACH HIRTSHALS

Tagesablauf

Heute geht es los!
Ihr startet in eure 15-tägige Skandinavien-Campertour und das große Abenteuer kann jetzt beginnen.

Um nach Stavanger, eurer ersten Station in Norwegen zu gelangen, müsst ihr zunächst ganz in den Norden fahren, nach Dänemark. Vom dänischen Hirtshals aus fahren täglich mehrere Fähren sowohl nach Stavanger als auch ins südnorwegische Kristiansand, von wo aus ihr zur ersten Station der Rundreise kommt.

Die Fähren nach Norwegen legen meist morgens oder (besser) abends ab und ihr solltet genug Zeit einplanen, falls es auf der Strecke nach Hirtshals zu Stau kommt. Falls ihr noch etwas Zeit in Hirtshals habt, könnt ihr den Leuchtturm direkt am Campingplatz besichtigen oder in das Nordsoen Oceaneum gehen, das größte Aquarium Nordeuropas.

VON DEUTSCHLAND NACH

Tag 2

Stavanger

In Stavanger erwarten euch die urige Altstadt Gamle Stavanger, eine erste Wanderung auf den atemberaubenden Aussichtspunkt Preikestolen und eine lebendige Kulturszene.

Nach einer hoffentlich entspannten Fahrt mit der Fähre kommt ihr morgens um 7 Uhr frisch und munter in Tjora bei Stavanger an. Endlich setzt ihr euren Fuß auf norwegischen Boden und der Urlaub kann jetzt richtig losgehen!

Der Fährhafen für die großen Fähren liegt etwas außerhalb der Stadt, weshalb ihr zunächst eine knappe halbe Stunde in die Stadt hineinfahren müsst. Von Tjora aus gibt es zwei Straßen, die nach Stavanger führen. Die südliche Route ist gut ausgebaut und etwas schneller, jedoch mautpflichtig. Die nördliche dauert etwas länger, kostet jedoch keine Maut.

Einen Parkplatz findet ihr in Stavanger entweder am Bahnhof oder nahe dem Ölmuseum. Bei beiden Plätzen gibt es keine Höhenbegrenzung. Angekommen in der Stadt, könnt ihr als Erstes einen kleinen Bummel durch die Altstadt machen, an der Promenade entlang spazieren oder Gamle Stavanger entdecken. Lust auf ein zweites Frühstück oder eine kleine Mittagspause in einem der Cafés in der Fußgängerzone?

Wir schlagen vor, nach dem Mittag zu einem der beiden Campingplätze aufzubrechen und von dort aus die weiteren Aktivitäten am Nachmittag zu starten. Auf keinen Fall verpassen solltet ihr die Wanderung zum Aussichtspunkt Preikestolen (Foto Seite 42)! Unglaubliche Ausblicke und unvergessliche Fotomöglichkeiten warten auf euch.

Wer nicht so gut zu Fuß ist, kann auch eine Schifffahrt zum Preikestolen machen. Oder ihr bleibt noch länger in der Stadt und besichtigt eines der vielen Museen in Stavanger.

© ALEX TOPOLYANSKIY

© CH - VISITNORWAY

© CH - VISITNORWAY

© CH - VISITNORWAY

STADT DER NATÜRLICHEN SUPERLATIVE

- Stavanger -

Atemberaubende Landschaften mit wunderschönen Fjorden, Bergen und ausgedehnten Sandstränden. Außerdem zahlreiche Museen und kulturelle Veranstaltungen für jeden Geschmack. In der ehemaligen europäischen Kulturhauptstadt Stavanger ist einfach für alle das Richtige dabei. Die Region rund um Stavanger ist voller Naturschönheiten – der Lysefjord, der Solastrand und der weltberühmte Preikestolen sind nur einige von ihnen. Das Plateau des Preikestolen liegt 604 Meter über dem Meeresspiegel und ist das beliebteste Ausflugsziel der Provinz Rogaland. Vom Reiseführer Lonely Planet wurde er als atemberaubendste Aussichtsplattform der Welt bezeichnet. Als Universitätsstadt beherbergt Stavanger zahlreiche Bildungs- und Forschungsinstitutionen. Dies spiegelt sich in der lebendigen, urbanen Atmosphäre der City und in ihrem reichhaltigen Einkaufs- und Gastronomieangebot wider. Im Jahr 2008 erhielten Stavanger und Sandnes den Titel „Kulturhauptstadt Europas" – ein Zeugnis für die Vielfalt und den Reichtum an kulturellen Veranstaltungen und Aktivitäten der Region.

1969 fand man in der Nähe von Stavanger zum ersten Mal Erdöl. Dadurch wurde die Region um Stavanger zum wichtigen Leistungsträger der norwegischen Wirtschaft. Heute ist Stavanger die europäische Hauptstadt für Öl und Energie. Die Erdölindustrie ist für die Menschen der Region zur Haupteinkommensquelle geworden und hat dafür gesorgt, dass sich viele unterschiedliche Nationalitäten angesiedelt und die Region international geprägt haben.

Da das Stadtzentrum von Stavanger eher kompakt ist, könnt ihr die meisten Sehenswürdigkeiten bequem zu Fuß erkunden. Die Altstadt bietet die am besten erhaltene Holzhaussiedlung Europas, die aus mehr als 170 weißen Holzhäusern besteht. Wenn ihr durch die Stadt bummelt, werft doch auch einmal einen Blick in einige der zahlreichen Museen Stavangers – zum Beispiel das Norwegische Erdölmuseum, das Kunsthistorische Museum und das Norwegische Konservenmuseum.

Campingplätze

PREISKESTOLEN CAMPING

PREISE

Camper 200 NOK

Erwachsene 40 NOK

Kinder 30 NOK

Strom 40 NOK

ADRESSE

Preikestolvegen 97

4100 Jørpeland

Norwegen

Der Campingplatz Preikestolen Camping liegt ganz in der Nähe der „Felskanzel“ in Ryfylke. Das Gelände ist sehr groß und von wunderschöner Natur umgeben. Die Einrichtungen des Campingplatzes decken jeden Bedarf und sind sehr sauber. In der Hauptsaison können die Gäste frisches Brot und frische Brötchen kaufen. Im Restaurant werden warme Mahlzeiten, Kaffee, Tee, Mineralwasser, Bier und Wein u.a. angeboten.

Ein kleines Geschäft hat zusätzlich die nötigsten Lebensmittel wie Milch, Butter, Käse u.a. im Sortiment. Reservierungen sind auf diesem Platz nicht möglich, je früher man kommt, desto bessere Auswahl besteht bei der Platzwahl.

© CARINA HOFMEISTER

STAVANGER CAMPING MOSVANGEN

PREISE
200 NOK
für 4 Personen

ADRESSE
Henrik Ibsens gate 21
4021 Stavanger
Norwegen

Der Campingplatz Stavanger Mosvangen liegt etwas außerhalb des Stadtzentrums von Stavanger inmitten eines schönen Parks direkt an einem See gelegen. Es handelt sich hierbei um keinen umzäunten Campingplatz, sondern um einen bestimmten Bereich des Parks. Das Gelände ist öffentlich zugänglich und im Sommer tummeln sich auch die Stavanger direkt am See.

Der Platz und die Sanitäranlagen wurden im letzten Jahr umfassend saniert. Der Platz ist für einen innerstädtischen Campingplatz recht ordentlich. Direkt am Platz gibt es einen kleinen Kiosk, ein großer Supermarkt ist in der Nähe. Das Zentrum ist fußläufig in etwa 20 Minuten erreichbar.

© CARINA HOFMEISTER

WUSSTET IHR:

Weiße Farbe war früher zu teuer für normale Arbeiterfamilien, weshalb es üblicher war, sein Haus gelb oder rot zu streichen.

Sehenswürdigkeiten

GAMLE STAVANGER

Genau 173 weiße Holzhäuschen aus dem Ende des 18. und Anfang des 19. Jahrhunderts bilden das „Alte Stavanger". Dabei gehört nicht nur dieses Viertel zur Altstadt, denn in Stavanger gibt es über 8.000 Holzhäuser aus allen möglichen Stilrichtungen. Tatsächlich befindet sich in der Stadt Europas größte Ansammlung von Holzhäusern, für deren Erhaltung Stavanger schon mehrere Auszeichnungen bekommen hat.

Gamle Stavanger ist mittlerweile eine beliebte Wohngegend mit Galerien und Kunsthandwerk, aber auch das Schifffahrtsmuseum und das Konservenmuseum sind hier zuhause. Die Siedlung ist von ihren Bewohnern geprägt, die stolz auf ihre Häuser und Gärten sind: In den Sommermonaten sind viele der kleinen, weißen Häuschen mit wunderschönen Blumen geschmückt und umrahmt von gepflegten Gärten.

Das Viertel liegt im Zentrum von Stavanger auf der Westseite des Hafens. Ihr könnt vom Strandkai aus eine der kleinen Gassen hoch in die Altstadt nehmen und schon befindet ihr euch inmitten der kleinen, weißen Holzhäuschen. Auch vom Bahnhof oder vom Boots- und Fähranleger ist es nur ein kurzer Spaziergang.

BUNTE STRASSE

Wie der Name schon sagt, ist die „Øvre Holmegate" ist kleines, buntes Sträßchen im Zentrum von Stavanger in der Nähe des Ölmuseums. Alle Häuser sind in verschiedenen Farben bemalt, kunstvolle Graffitis schmücken die Hauswände und in der Fußgängerzone laden gemütliche, individuelle Cafés und Bars zu einem kleinen Stopp ein. Hier findet ihr auch viele Geschäfte und Läden, in denen Kunst und Kunsthandwerk verkauft wird – und etliche schicke Fotomotive.

SPAZIERGANG ÜBER DIE BLÅ PROMENADE – DIE BLAUE PROMENADE

Einen tollen Spaziergang kann man entlang der blauen Promenade von Stavanger machen. Ihr startet auf der blauen Promenade am Badedammen und geht weiter über das Fiskepirterminalen, wo die Fähren nach Tau ablegen. Zunächst lauft ihr am großen Shoppingcenter Magazin Blaa vorbei und passiert danach das Norwegische Ölmuseum mit seiner charakteristischen Architektur. Wenn man die Promenade noch weiter Richtung Vågen spaziert, die innere Hafenbucht entlang, kommt man zum Traditionsschiff „Gamle Rogaland" und zu den Ausflugsschiffen, die in den Lysefjord fahren.

Am Ende von Vågen wird es Zeit für einen kleinen Imbiss. Macht es doch wie die Einwohner von Stavanger: Geht in die Fischhalle, kauft eine Tüte mit frischen Krabben, setzt euch an die Hafenkante und genießt beim Essen den Blick auf die Speicherhäuser und den Valbergturm. Dann geht ihr weiter am Kai entlang und kommt zum Konzerthaus, das direkt am Wasser liegt. Wie wäre es mit einer Führung im Inneren des Gebäudes? Anschließend könnt ihr den Spaziergang im Bjergstedpark abschließen, der sich oberhalb des Konzerthauses befindet.

DOM VON STAVANGER

Der Dom von Stavanger ist Norwegens am besten erhaltene Kathedrale und die einzige, die ihre ursprüngliche Architektur seit dem Mittelalter behalten hat. Gleichzeitig ist es die einzige Kathedrale, die seit dem 14. Jahrhundert durchgehend genutzt wurde. Der Dom liegt mitten in der Altstadt von Stavanger nur einen Katzensprung vom Hafen/Vågen entfernt.

KUNSTHALLE STAVANGER

Stavanger ist neben Oslo der Hotspot für Kunst in Norwegen und besonders die Kunsthalle ist Dreh- und Angelpunkt für norwegische und internationale Gegenwartskunst. Die Ausstellungen reichen von Fotografie, Videokunst über

Installationen bis hin zu großen Kunstprojekten, in denen das Publikum involviert wird. Auch für Kinder gibt es teilweise sehr interessante Ausstellungen. Zusätzlich gibt es in der Kunsthalle ein schönes Kunstcafé und eine Kunstbibliothek, allein dafür lohnt sich ein kleiner Besuch.

Adresse: Madlaveien 33, Stavanger

NORWEGISCHES ÖLMUSEUM

Nicht nur etwas für Technikfans! Das Norwegische Ölmuseum ist ein sehr interaktives Museum über die Geschichte und die Technologie der Ölförderung in Norwegen. Hier könnt ihr zum Beispiel in eine Notfallkapsel hineinklettern, einen Schutzanzug der Ölförderer anprobieren, das Fließverhalten unterschiedlicher Öle testen oder den Nachbau einer Ölplattform entdecken. Dabei wird alles so anschaulich erklärt, dass es auch für Kinder und Techniklaien verständlich ist. Das Ölmuseum mit seiner außergewöhnlichen Architektur liegt direkt im Zentrum von Stavanger an der blauen Promenade. Guter Zeitvertreib nicht nur bei schlechtem Wetter!

Adresse: Kjeringholmen 1A, Stavanger

SVERD I FJELL – SCHWERTER IM FELSEN

Wenn man Bilder von Stavanger sieht, tauchen auch oft die Schwerter im Felsen auf, denn sie sind definitiv eines der Wahrzeichen von Stavanger. Direkt am imposanten Hafrsfjord gelegen, bilden die Schwerter ein beeindruckendes Bild und eine spannende Fotokulisse. Das Denkmal erinnert daran, dass der Norweger Harald Schönhaar hier im Jahr 872 das Land zu einem Königreich geeint hat. Die drei Schwerter stehen dabei als Symbole für Frieden, Einheit und Freiheit. Die Schwerter liegen etwas außerhalb des Zentrums von Stavanger und sind entweder mit dem Bus Nr. 29 von der Innenstadt aus in 10 Minuten zu erreichen oder mit dem eigenen Camper mit einer 10-minütigen Fahrt Richtung Møllebukta.

Für die besten Fotos könnt
ihr den Weg noch ein Stückchen weiter
nach oben gehen und von dem Felsen über den
Preikestolen hinab fotografieren.

Aktivitäten

WANDERUNG ZUM PREIKESTOLEN

Der Preikestolen ist eines der bekanntesten und meist besuchten Sehenswürdigkeiten der Region und eines der spektakulärsten Fotomotive des Landes. Nicht umsonst, denn die Felsformation ist atemberaubend und gleichzeitig leicht zugänglich. Der sogenannte „Priesterstuhl" entstand vor mehr als 10.000 Jahren durch einen Gletscher, als große Felsstücke durch Frost weggesprengt wurden. Heute erhebt sich das Felsplateau mit einer steil abfallenden Kante von unglaublichen 604 Metern. Die Felskanzel mit ihrem atemberaubenden Blick über den Lysefjords wird als eine der beeindruckendsten Aussichtspunkte der Welt eingestuft.

MIT DEM BUS VON STAVANGER ZUM PARKPLATZ FAHREN, DAS SPART DIE TEURE FÄHRE VON STAVANGER NACH TAU SOWIE DIE PARKPLATZGEBÜHREN VON 150 NOK (!) AM PREIKESTOLEN.

Startpunkt der Wanderung ist der Parkplatz Preikestolhytta, der nicht zu verfehlen ist. Für die vier Kilometer benötigt man pro Strecke etwa eine bis eineinhalb Stunden. Damit solltet ihr mindestens vier Stunden für den gesamten Aufenthalt einplanen. Der Wanderweg ist gut beschildert, befestigt und in der Regel auch reichlich bevölkert. Vor allem bei gutem Wetter tummeln sich hier viele Touristen, aber auch Einheimische. Der Weg wechselt zwischen kurzen, etwas anspruchsvolleren Steigungen und Steintreppen sowie Holzstegen. Unterwegs wird man mit wunderschöner Natur und vielen grandiosen Ausblicken belohnt. Doch die Ankunft am Preikestolen stellt das alles in den Schatten. Bitte informiert euch vorher über das Wetter, denn die Wanderung sollte nicht bei starkem Wind oder schlechter Sicht gemacht werden. Auf alle Fälle solltet ihr feste Schuhe, vorzugsweise Wanderschuhe, und warme Kleidung anziehen, etwas zu essen und zu trinken nicht vergessen und eventuell Wanderstöcke mitnehmen.

ANREISE MIT DEM AUTO

Fahrt von Stavanger aus zum Fähranleger in Lauvvik und von dort mit der Fähre nach Oanes. Dort beginnt die norwegische Landschaftsroute Ryfylke (Straße 13), der ihr bis zum Schild „Preikestolen" folgt und dort abbiegt – hier bereits eine wunderschöne Strecke. Eine andere Möglichkeit ist, die Autofähre von Stavanger nach Tau und von dort die norwegische Landschaftsroute Ryfylke in südlicher Richtung nehmen bis zum Schild „Preikestolen", wo ihr einbiegt.

Parken: Parkplatz mit Parkautomat am Berggasthof Preikestolen Fjellstue. Kosten: 150 NOK

ANREISE MIT DEM BUS

Von Stavanger aus und vom Campingplatz Preikestolen gibt es mehrmals am Tag Busverbindungen zum Preikestolen. Den Fahrplan bekommt ihr in der Tourist Information oder am Campingplatz.

Busticket: Von Stavanger: 200/150 NOK (Return/One-Way)
Vom Campingplatz Preikestolen: 50/30 NOK

ANREISE MIT DEM SCHIFF

Wer nicht so gerne wandert und sich die beeindruckende Landschaft des Lysefjords lieber wie die norwegischen Fjordkapitäne anschaut, kann auch einen Schiffsausflug zum Preikestolen machen. Die Schifffahrt auf dem Fjord ist ein unvergessliches Erlebnis: Unterwegs könnt ihr neben der Felsformation auch mächtige Berge und Felsen, Wasserfälle, Seehundkolonien und abgelegene Bauernhöfe mit Ziegen sehen. Die Ausflugsfähren, auf die auch der Camper mitgenommen werden kann, verkehren mit mehreren Stopps zwischen Stavanger und Lysebotn. Ihr könnt in Stavanger, Forsand und beim Lysefjord Center in Oanes zusteigen.

Dauer: 2,5 Stunden

Preise: Erwachsene 450 NOK, Kinder 280 NOK

© CH - VISIT NORWAY

NUART STREETART TOUR

Streetart-Fans kommen bei einer geführten Tour zu den Kunstwerken des NUART Festivals voll auf ihre Kosten. Das Festival findet seit 15 Jahren immer im August/September statt und jedes Jahr entstehen neue, spannende Kunstwerke. Nationale und internationale Künstler haben sich schon mit vielen tollen Werken in der Stadt verewigt. Bei einer Tour zeigt euch ein Guide die großen Kunstwerke, aber auch die kleineren, versteckten Werke und erzählt euch mehr über die Künstler und die Entstehung. Tickets erhaltet ihr in der Tourist Information in Stavanger.

Dauer: 1,5 Stunden

BADESTELLEN

Falls ihr Lust habt, einfach nur eine Runde zu entspannen oder zu baden, könnt ihr das in der Nähe der Schwerter im Felsen machen. Direkt am Hafrsfjord befindet sich ein beliebtes Naherholungsgebiet mit schönem Fahrrad- und Fußgängerweg. In der Bucht Møllebukta gibt es einen tollen, geschützten Badeplatz für die ganze Familie mit angrenzender Rasenfläche, schattigen Bäumen und natürlich einem Sandstrand. Vom See Store Stokkavatn fließt sogar ein kleiner Bach durch den Badeplatz, wo die Kids drin spielen können. Für Surfer gibt es einen eigenen Strandabschnitt. Die Gegend ist auch für Fahrradtouren sehr gut geeignet.

© CH - VISIT NORWAY

Restaurants

BØKER OG BØRST – SEHR BELIEBTES CAFÉ UND PUB

Tagsüber gemütliches Café in der Innenstadt mit schöner Außenterrasse direkt an der Fußgängerzone. Warme Teppiche und Rentierfelle runden das gemütlich-chaotische Ambiente in dieser trendigen Location ab. Abends spielt ein DJ alte Hits von einem Plattenspieler. Super leckere Guinness-Kuchen und andere Snacks.

Adresse: Øvre Holmegate 32, Stavanger

Preise: €€

KITCHEN & TABLE – FUN DINING

Hier steht Fun Dining auf dem Programm. Im Restaurant im skandinavischen Wohnzimmerstil tischt der schwedische Starkoch Marcus Samuelsson auf. Kulinarisch ist das Essen ein Mix von Inspirationen aus Manhattan und Stavanger. Dabei wirkt das Ganze aber eher wie ein Essen bei guten Freunden in entspannter und ungezwungener Atmosphäre. Im sogenannten Clarion Living Room gibt es auch häufiger Livemusik, Weinquiz oder Sushikurse. Relativ hochpreisig, aber dafür sind die Speisen aus frischen, zum Teil regionalen Zutaten zubereitet.

Adresse: Arne Rettedals Gate 14, Stavanger

Preise: €€€

FISKETORGET – FÜR FISCHLIEBHABER

Direkt am Hafen gelegen mit toller Terrasse. Während man auf das Essen wartet, kann man den Fischverkauf beobachten. Hier werden die frischen Fische und Meeresfrüchte gleich in der Küche weiterverarbeitet. Wechselnde Gerichte abhängig vom Tagesfang. Besonders mittags manchmal sehr belebt. Trotz hoher Preise keine Touristenabzocke, sondern hervorragend zubereiteter, frischer Fisch und regionale Zutaten.

Adresse: Strandkaien 37, Stavanger

Preise: €€€

DAUER CA. 30 MINUTEN / ZUTATEN FÜR 2 PERSONEN

Lachs-Dill-Pasta

Für dieses Gericht können frische oder tiefgekühlte Zutaten verwendet werden. In Norwegen findet ihr in jedem Supermarkt Lachs in allen Variationen. Gleichzeitig ist er nicht so teuer wie in Deutschland. Wichtig beim Zubereiten: Der Lachs darf nicht gebraten oder gekocht werden, sondern muss langsam in der heißen Sauce ziehen. So bleiben die Stücke schön saftig und fallen nicht auseinander!

300 g Spaghetti

1 kleine Zwiebel
falls gewünscht: 1 Knoblauchzehe

1 EL Tomatenmark

1 Tomate

1–2 EL Olivenöl zum Anbraten

zum Verfeinern einen kleinen Schuss Zitrone oder Weißwein

200 ml Sahne

½–1 EL getrockneter oder frischer Dill

250 g Lachsfilet (frisch oder tiefgefroren)

Salz und Pfeffer zum Abschmecken

VORBEREITUNGEN: Lachs auftauen und in etwa 3 cm große Würfel schneiden, Tomate würfeln, Zwiebeln (und ggf. Knoblauch) fein würfeln.

Spaghetti in gesalzenem Wasser kochen, abgießen und warm halten. Gehackte Zwiebel (und ggf. Knoblauch) zusammen mit dem Tomatenmark in einem Topf oder einer tiefen Pfanne in Olivenöl anbraten. Dann die Tomate dazugeben und ca. 2–3 Minuten dünsten. Mit Weißwein oder Zitrone ablöschen, die Sahne und den Dill hinzufügen und aufkochen. Das Ganze köcheln lassen, bis ein Teil der Flüssigkeit verdampft ist und sich eine cremige Sauce bildet. Jetzt den Herd/Gaskocher ausschalten oder auf niedrigste Stufe stellen. Wenn die Sauce nicht mehr kocht, vorsichtig die Lachsstücke hineingeben. Den Topf oder die Pfanne zudecken und den Lachs je nach gewünschtem Gargrad ca. 5–7 Minuten in der Sauce ziehen lassen. Nicht mehr aufkochen! Die Sauce mit Salz und Pfeffer abschmecken und vorsichtig umrühren, damit die Lachsstücke nicht zerfallen. Die noch heißen Spaghetti auf die Teller geben, mit der Lachscreme anrichten – fertig.

© LAURA BRECHTEL

BLOGGERINTERVIEW

Christian & Carina

TRAVELOGRAPHY.DE

1 Warum sollten Camperreisende nach Stavanger kommen?

Der Preikestolen bietet eine der atemberaubendsten Aussichten der Welt, allein das dürfte schon Grund genug für eine Reise nach Stavanger sein. Neben einem genialen Aussichtspunkt ist der Preikestolen auch ein super Einstieg für Norwegen-Wanderungen. Der Weg dorthin ist nicht zu anspruchsvoll und bestens ausgebaut. Trotzdem muss man die eine oder andere Unebenheit überwinden, sodass sich festes Schuhwerk empfiehlt. Gleichzeitig bekommt man erste Eindrücke, wie wunderschön die Natur Norwegens sein kann. Am Preikestolen angekommen, genießt man dann den unglaublichen Ausblick über den Lysefjord. Wer mutig genug ist, kann sich auch an die Felskante heranwagen und einen Blick hinab in die Tiefe werfen. 604 Meter sind es von der Plattform bis zum Wasser.

Neben dem Preikestolen gibt es noch zahlreiche weitere Wandermöglichkeiten in der Umgebung. Diese reichen von unbekannten und kurzen Wanderungen, wie beispielsweise der Aufstieg zum Moslifjellet, bis hin zur durchaus bekannten und anspruchsvollen Strecke zum Kjeragbolten. Wer also schon vor Ort ist, sollte ruhig zwei Nächte einplanen und sich nicht nur auf den Preikestolen beschränken.

❷ Welche Geheimtipps habt ihr für Stavanger?

Der Preikestolen selbst ist längst kein Geheimtipp mehr. Der Ort erfreut sich immer größer werdender Beliebtheit. Wer jedoch abseits des Trubels unterwegs sein möchte, kann vom Parkplatz des Preikestolen auch zu anderen Wanderzielen in der Umgebung (z.B. Gryteknuten, Moslifjellet, Abstieg zum Lysefjord) aufbrechen. Diese sind zum Teil wie leer gefegt. Man kann hier den ganzen Tag wandern, ohne jemand anderem zu begegnen, und somit die Natur Norwegens in vollen Zügen genießen. Auch kein Geheimtipp mehr, aber dennoch zu empfehlen, ist in Stavanger ein Besuch der Straße „Øvre Holmegate". Zahlreiche bunte Häuser schmücken das Straßenbild und niedliche kleine Cafés laden zum Verweilen ein.

❸ Welche Tipps für Fotos in Stavanger/Preikestolen habt ihr?

Fotomotive gibt es in Stavanger und in der Umgebung des Preikestolen einige. Beispielsweise geben die weißen Häuser der Altstadt Stavanger zur blauen Stunde ein herrliches Fotomotiv ab. Auch die zahlreichen Seen auf dem Weg zum Preikestolen oder dem Moslifjellet sind schön anzusehen, wenn sich die Wolken und der blaue Himmel darin spiegeln. Wer zum Preikestolen wandert, sollte nicht nur auf die große Felsplattform gehen, sondern noch ein paar Meter höher aufsteigen. Ein Weg führt entlang einer Felswand zu einem etwas höher gelegen Felsen. Von hier hat man eine herrliche Sicht auf die Felskanzel und das Umland. Zahlreiche weitere Fotomotive finden sich z.B. auch entlang der Landschaftsroute Ryfylke. Hier sind besonders der Abschnitt zwischen Sauda und Hara (Riksvei 520) und der Wasserfall Svandalsfossen hervorzuheben.

© CHRISTIAN BREMSER

Über uns

Carina und Christian verbinden auf ihrem Blog zwei Leidenschaften – die Fotografie und das Reisen. Auf ihrem Blog Travelography.de nehmen sie euch mit auf ihre Reisen und liefern wertvolle Informationen zu nahen und fernen Reisezielen. Ihre Skandinavien-Erfahrung sammeln sie schon seit einigen Jahren. Seit 2012 zieht es sie immer wieder in den hohen Norden Europas. Island und vor allem Norwegen haben es den beiden dabei besonders angetan.

Tag 3 und 4

FAHRT VON STAVANGER NACH BERGEN

Hier erwartet euch die weltberühmte Hafenfront Bryggen, die wunderschöne Aussicht vom Hausberg Floyen, der spannende Fischmarkt und eine aufregende Wanderung auf die Trolltunga.

Tagesablauf

Entfernung:
210 km

Fahrzeit:
5 Stunden

Maut
Fähren (2×)
Tunnel (mehrere)

Heute geht es weiter nach Norden, genauer gesagt nach Bergen, dem Tor zu den Fjorden. Auf der Route stehen heute ungefähr 210 Kilometer, für die ihr allerdings etwa 5 Stunden brauchen werdet, denn wir kommen langsam in die Welt der Fjorde: eine Zauberwelt aus Wasser, Bergen und kleinen Inseln. Auf der heutigen Strecke werdet ihr zwei Fähren nehmen müssen, durch mehrere Tunnels fahren und einmal Mautgebühr zahlen müssen. Dafür werden euch die Ausblicke auf das Meer, die Fjorde und niedliche kleine Holzhäuser auf den Inselchen belohnen.

Ihr brecht nach dem Frühstück vom Campingplatz auf und macht euch auf den Weg von Stavanger aus Richtung Norden. Als Erstes nehmt ihr die E39 in nördliche Richtung und folgt der Straße etwa 32 Kilometer, bis ihr das Festland verlasst. Über mehrere Brücken gelangt ihr auf verschiedene kleine Inseln und fahrt immer weiter auf der E39, bis ihr die Insel Rennesøy erreicht. Dort nehmt ihr die Fähre von Mortavika nach Arsvågen.

Die Fähre bringt euch in 45 Minuten auf die Insel Vestre Bokn. Dort folgt ihr weiter der E39 für 113 Kilometer über mehrere Inseln und durch einen langen Tunnel unter dem Meer. An der nördlichsten Spitze der Insel Stord fährt die Fähre von Sandvikvåg nach Halhjem. Die Fähre verkehrt jede halbe Stunde und die Überfahrt dauert ca. 40 Minuten.

Jetzt habt ihr es fast geschafft, ihr seid wieder auf dem Festland angekommen und die letzten Kilometer stehen an. Wie bisher folgt ihr der E39 für 35 Kilometer und dann seid ihr am Ziel. Fahrt als Erstes zu einem der beiden Campingplätze und sichert euch ein schönes Plätzchen. Danach könnt ihr mit dem ÖPNV nach Bergen hinein fahren und durch die hübsche, kleine Innenstadt schlendern. Entdeckt Bryggen, Gamle Bergen und den Fischmarkt. Zum Sonnenuntergang lohnt sich die Fahrt mit der Fløibahn auf einen der sieben Berge rund um die Stadt.

Am nächsten Tag könnt ihr entweder weiter die Stadt und die umgebenden Berge entdecken oder ihr macht eine Tageswanderung zur Trolltunga, ein echtes Highlight!

© TOMASZ FURMANEK – VISIT NORWAY

DAS TOR ZU DEN FJORDEN

– Bergen –

Die zweitgrößte Stadt Norwegens erstreckt sich bis in die sieben umliegenden Berge, von denen ihr einen unglaublichen Blick aufs Meer genießen könnt. In der modernen City trifft man auf lebendige Geschichte. Und für Naturliebhaber geht es nach der Stadterkundung weiter zu den wildesten und schönsten Fjorden Norwegens. Für norwegische Verhältnisse ist Bergen eine große Stadt, die jedoch zu Recht auf ihren Kleinstadtcharme und ihre heimelige Atmosphäre stolz sein kann. Die Einwohner lieben ihre facettenreiche Heimat mit der spannenden Geschichte und ihren kulturellen Traditionen.

Aber Bergen ist auch Studentenstadt. Rund zehn Prozent der Bevölkerung sind Studenten und verleihen der Stadt ein frisches, jugendliches Flair. Auch die zahlreichen Museen, Kunstgalerien, kulturellen Events und vielseitigen Lokale sowie einfach zu erreichenden Strände und Berge mit allen dazugehörigen Aktivitäten machen Bergen zu einem lebendigen, pulsierenden Reiseziel.

Die Wurzeln der über 900 Jahre alten Stadt reichen bis weit in die Wikingerzeit zurück. Als eines der Hauptsitze der Hanse war Bergen mehrere Jahrhunderte lang Zentrum des florierenden Handels zwischen Norwegen und dem Rest der Welt. Die alte Hafenfront Bryggen ist das prägnanteste Überbleibsel aus dieser Zeit. Heute findet man dort zahlreiche Restaurants, Gaststätten, Läden mit Kunsthandwerk und historische Museen.

Bergen ist berühmt für seine sieben Berge rund um das Stadtzentrum, die Hanseatische Landungsbrücke, den Fischmarkt und natürlich seine Nähe zu den atemberaubenden Fjorden Norwegens.

Campingplätze

LONE CAMPING

PREISE
Camper 240 NOK
Pro Person extra 15 NOK
Strom 40 NOK

ADRESSE
Hardangervegen 697
5268 Haukeland
Norwegen

Lone Camping ist der größte Campingplatz in und um Bergen mit über 300 Plätzen und 50.000 m². Der Platz ist idyllisch direkt am Haukelandvannet-See gelegen und umgeben vom bergigen Fjell. Dieser Campingplatz eignet sich besonders für alle, die Ruhe und Entspannung in ländlicher Umgebung suchen, aber gleichzeitig schnell die Sehenswürdigkeiten und das Kulturleben in Bergen erreichen möchten.

Lone Camping liegt ca. vier Kilometer vom Zentrum entfernt und ist in 20 Minuten mit der Bahn zu erreichen. Der Platz ist sehr gut ausgestattet mit sauberen Sanitäranlagen, einer Bäckerei und einem nahegelegenen Supermarkt und Shoppingcenter. Direkt am See gibt es eine Badestelle und einen Kanuverleih und für die Kinder einen Streichelzoo sowie eine Minigolfanlage.
Keine Reservierung möglich

BRATLAND CAMPING

PREISE
Camper 180 NOK
Erwachsene 30 NOK
Kinder 15 NOK
Strom 40 NOK

ADRESSE
Brattlandsveien 6
5268 Haukeland
Norwegen

Etwa 16 Kilometer südlich von Bergen liegt der moderne, aber ruhig gelegene Campingplatz Bratland Camping. Auf dem Platz gibt es genügend Stellplätze für Wohnmobile und Wohnwagen an einem kleinen See. Der Platz ist gut ausgestattet mit Küche, Aufenthaltsraum, Grillhütte und freiem WLAN. Moderne sanitäre Anlagen und ein Kiosk mit Brötchenservice runden das Angebot ab.

Neben Bade- und Angelmöglichkeiten am See gibt es einen ausgeschilderten Wanderweg zum Ulriken, einem der sieben Berge um Bergen. Mit den öffentlichen Verkehrsmitteln ist Bergen gut und schnell zu erreichen. Beim Kauf einer Bergenkarte ist der Transport sogar kostenlos. Für Wohnmobile geöffnet vom 1. Mai bis 15. September

WOHNMOBILSTELLPLATZ IN BERGEN

PREISE
Camper 150 NOK/24 Std.
30 NOK/24 Std.

ADRESSE
Vilhelm Bjerknes vei 24
5081 Bergen
Norwegen

Wer auch mal zwei Nächte auf einem relativ einfachen Stellplatz stehen möchte, kann das auf diesem Platz in der Nähe des Zentrums von Bergen tun. Der Platz befindet sich bei der Eislaufbahn etwas außerhalb von Bergen.

Vorteile sind die Nähe und die sehr gute Verbindung mit der Stadtbahn ins Zentrum. Von Nachteil ist natürlich die Ausstattung, da es lediglich Wasserver- und -entsorgung und Stromanschlüsse gibt. Sanitäre Anlagen und weitere Services sind leider nicht vorhanden. Platz für 28 Wohnmobile

© TOMASZ FURMANEK – VISIT NORWAY

Sehenswürdigkeiten

Eingerahmt vom Fjord und sieben Gipfeln ist Bergen eine recht kompakte Stadt. Das heißt auch, dass die Orientierung in der Stadt leichtfällt und dass die Highlights dicht beieinander liegen und auch zu Fuß gut zu erreichen sind. Und es ist eine Stadt, die sich perfekt zum ziel- und sorglosen Bummeln eignet und in der immer neue Aussichtspunkte und Viertel auftauchen, die zu erkunden es sich lohnt.

BRYGGEN – DAS POSTKARTENMOTIV

Das Hafenviertel Bryggen, das von der UNESCO zum Weltkulturerbe erklärt wurde, ist der älteste Stadtteil Bergens und liegt im Zentrum der Stadt. Die deutsche Hanse errichtete im Jahre 1360 im Hafenviertel Bryggen eine Handelsniederlassung, die den Handel in der Stadt 400 Jahre lang kontrollierte. Die vielen traditionellen Holzhäuser machen das Hanseviertel zu einem der bekanntesten Mittelalterviertel Norwegens.

Heute präsentiert sich das Viertel, das mehrere Museen sowie 61 unter Denkmalschutz stehende Gebäude beherbergt, als lebendiger und geschäftiger Stadtteil im Herzen Bergens. Hier könnt ihr euch bei schönem Wetter in einem Restaurant einen Platz an der Sonne suchen und dem Trubel an Land und auf dem Wasser zuschauen. Ihr könnt aber auch entlang der bunten Holzhäuser bummeln, wo es schicke Cafés, viele kleine Geschäfte, Ateliers und Werkstätten von lokalen Handwerkern gibt.

MADAM FELLE
BRYGGEN NIGHTCLUB
SILD - FISK
ALFRED SKULSTAD

FISCHMARKT

Buntes Markttreiben, frische Fische, regionale Spezialitäten – all das findet ihr auf dem Fischmarkt in Bergen. An Bryggen angrenzend befindet sich der Markt, auf dem die Bergenser seit vielen Jahrzehnten Fisch und andere Waren einkaufen. Heute gibt es an den vielen Ständen vor allem frischen Fisch, Meeresfrüchte und andere lokale Spezialitäten. Zum Glück gibt es hier reichlich Gelegenheit für Geschmacksproben und mehrere Restaurantbetriebe, sodass man im Sommerhalbjahr herrliche Fischgerichte und Meeresfrüchte direkt am Fjord essen kann.

GAMLE BERGEN

Ein großer Teil des Charmes, den Bergen zu bieten hat, ist gratis und für jeden zugänglich. Macht euch auf den Weg durch die kleinen, mit Kopfsteinpflaster belegten Seitengassen, zum Beispiel auf dem Rückweg vom Aquarium. Hier findet ihr viele kleine, romantische Häuschen.

Eine hübsche Mischung aus Wohnhäusern, kleinen Geschäften und Cafés sorgt in den engen Gassen für eine gemütliche Stimmung. Die Bauweise der Häuser ist oft das Ergebnis der fast tausend Jahre langen Geschichte Bergens als Seefahrts- und Handelsstadt. Viele der Holzhäuser stehen unter Denkmalschutz und sind von hohem historischem Wert für Bergen. Auch ohne Stadtplan werdet ihr euch in den kleinen, übersichtlichen Gassen nicht verlaufen.

BERGEN AQUARIUM

Ein besonderes Highlight besonders für Kinder ist der Besuch des Aquariums. Hier könnt ihr Seehunde, Pinguine und viele andere Bewohner des nordischen und tropischen Meeres kennenlernen. Trefft die lokalen Berühmtheiten Vitus, den Seehund, oder Pingrid Alexandra und ihre Freunde wie Schildkröten, Krokodile oder Seidenaffen. Lasst euch von über 60 verschiedenen Becken und interaktiven Ausstellungen begeistern und entdeckt, was sich alles unter der Wasseroberfläche tummelt. Besonders bei Regen ein tolles und abwechslungsreiches Ausflugsziel.

Nordnesbakken 4, Bergen

Preise: Erwachsene 225 NOK
Kinder 165 NOK

EDVARD GRIEG MUSEUM TROLDHAUGEN

Klassikfans sollten das Edvard Grieg Museum in Troldhaugen auf keinen Fall verpassen! Das ehemalige Anwesen des Komponisten besteht heute aus einem modernen Museum, der wunderschönen Villa von Grieg, einer Komponistenhütte und den Gräbern des Ehepaares. Vor kurzem ist noch ein Konzertsaal hinzugekommen, in dem im Sommer regelmäßig kostenlose Konzerte stattfinden. Mit einem Bus, der direkt an der Touristeninformation abfährt, gelangt ihr ganz einfach dorthin. Wir versprechen euch einen entspannten Nachmittag mit wunderschöner Musik in einer herrlichen Landschaft.

Troldhaugvegen 65, 5232 Paradis

Preise: Erwachsene NOK 100
Studenten/Bergencard-Besitzer NOK 50
Kinder frei

FANTOFT STABKIRCHE

Eine der schönsten Sehenswürdigkeiten in Bergen ist die Stabkirche im Viertel Fantoft. Dieses beeindruckende Zeugnis mittelalterlicher Baukunst stammt ursprünglich aus einem Dorf am Sognefjord, wurde jedoch eigens in Bergen nach dem historischen Vorbild neu errichtet und der Öffentlichkeit zugänglich gemacht. Die Kirche stellt mit ihren kunstvollen Verzierungen wie kleinen Drachen oder heidnischen Schnitzereien den Übergang zwischen Heidentum und Christentum dar. Die Stabkirche liegt zwar etwas außerhalb der Innenstadt, ist aber leicht mit der Straßenbahn erreichbar (Haltestelle Fantoft). Danach ist noch ein kleiner Fußmarsch von ca. 1–2 Kilometer nötig.

Fantoftvegen 38, Bergen

Preise: Erwachsene 60 NOK
Studenten 45 NOK
Kinder 30 NOK

Aktivitäten

FAHRT MIT DER FLØIBAHN

Nach einem Spaziergang durch die Altstadt von Bergen ist es vielleicht an der Zeit, ein paar Höhenmeter hinter sich zu lassen. Mit der Standseilbahn Fløibanen gelangt ihr innerhalb weniger Minuten vom Zentrum in die Berge. Die Fahrt ist an sich schon ein Erlebnis: Die Waggons gleiten zwischen den wunderschönen Holzhäusern von Fløyfjellet am steilen Berghang hinauf bis zum höchsten Punkt auf dem Fløyen. Am Aussichtspunkt auf dem Gipfel scheint es, als würde man über den Dächern der Stadt schweben. Der Verkehr in der Stadtmitte, die kreuzenden oder vertäuten Schiffe im Hafen Vågen, die Stadtteile und der Schärengarten, der sich um die Stadt gelegt hat – von hier oben habt ihr alles im Blick! Für Besucher wie Bergenser ist der Berg Fløyen ein absoluter Favorit, denn hier gibt es immer etwas Neues zu entdecken.

BESONDERS GEGEN DEN SPÄTEN NACHMITTAG ODER ABEND HIN LOHNT SICH DER BESUCH AUF DEM FLØYEN, WENN DIE SONNE DIE STADT UND DEN FJORD ROT FÄRBT UND DANACH DIE LICHTER DER STADT AUFBLINKEN.

Auf dem Berg gibt es mehrere Wanderrouten und Rundwege, die durch die Wälder zu kleinen Hütten oder Bergstationen führen. Einmal auf dem Berg angekommen, warten auch keine größeren Steigungen mehr auf die Wanderer, weshalb die Wanderungen sehr entspannt sind. Die Talstation der Fløibahn ist nur 150 Meter vom Hafenviertel Bryggen entfernt. Tickets sind bei der Tal- und der Bergstation sowie in der Touristeninformation Bergen erhältlich.

Preise: Hin- und Rückfahrt
Erwachsene 95 NOK
Kinder 50 NOK
One-Way-Ticket
Erwachsene 50 OK
Kinder 25 NOK

FAHRT AUF DEN ULRIKEN/ MIT DER SEILBAHN AUF DEN BERG

Wie mit der Fløibahn seid ihr auch mit der Seilbahn innerhalb von 5 Minuten von der Stadtmitte auf dem zweithöchsten Berg der Stadt. Die Fahrt mit der Ulriken 643, auch Ulriksbahn genannt, bietet ein großartiges Naturerlebnis und gerade an einem sonnigen Tag ist die Aussicht von oben fantastisch. Von der Spitze am Ulriksmast habt ihr einen wunderbaren Rundblick über die Berge, das Hochplateau, das Meer und die Stadt. Wer möchte, kann auf der Terrasse des Sky Skraperen Platz nehmen und im Restaurant mit dem höchsten Aussichtspunkt der Stadt ein erfrischendes Getränk oder einen kleinen Snack zu sich nehmen. Der Ulriken auch ist ein guter Ausgangspunkt für wunderschöne Wanderungen oder Gebirgstouren mit Aussicht auf Küste, Berge und Fjorde. Auf manchen Wanderungen könnt ihr sogar in der Ferne den Gletscher Folgefonna erkennen.

FJORDCRUISE BERGEN – MOSTRAUMEN

Bei einer Schifffahrt könnt ihr Bergen vom Wasser aus erleben. Auf der Fjordfahrt zum Mostraumen genießt ihr als Erstes die schöne Aussicht auf Bryggen und den Hafen Vågen. Die Fahrt führt von der Stadtmitte aus durch den Osterfjord zum engen, idyllischen Mostraumen, wo die Schiffe gerade noch durchkommen. Setzt euch einfach aufs Schiffsdeck, genießt die Sonne und die frische Meeresluft bei einem traumhaften Blick über Bergen vom Meer aus.

WANDERUNG TROLLTUNGA

Diese unvergleichliche Felsformation hat bestimmt jeder schon mal auf einer Postkarte oder in einer Reisezeitschrift gesehen – die einzigartige Trolltunga. Die sogenannte „Trollzunge" ragt horizontal aus dem Berg heraus – wie die aus dem Stein herausgeschlagene Zunge eines Trolls. Seit vielen tausend Jahren hängt sie dort und hat nur darauf gewartet, dass ihr nach einer anstrengenden Wanderung die Schritte auf ihre Spitze wagt und die atemberaubende Aussicht genießt.

Wer auf die berühmte Trolltunga steigen möchte, sollte sich einen Tag dafür Zeit nehmen und in guter körperlicher Verfassung sein. Die Wanderung ist relativ lang und anspruchsvoll und ihr werdet hin und zurück etwa acht bis zehn Stunden brauchen. Jede Strecke ist elf Kilometer lang und der Höhenunterschied beträgt mehr als 900 Meter. Doch alle Anstrengungen werden am Ende mit einer fantastischen Aus-

© BERGEN REISELIVSLAG - ESPEN HAAGENSEN - VISIT BERGEN

sicht belohnt. Wer die Wanderung zur Trolltunga plant, sollte ganz früh am Morgen von Bergen starten und bis nach Skjeggedal zu fahren (Parkkosten: NOK 120 pro Tag). Die rund 150 Kilometer lange Fahrt dauert etwa drei Stunden und ist an sich schon ein Erlebnis – durch die Region Hardanger, die als Norwegens Obstgarten gilt, am prachtvollen Hardangerfjord und dann am Sørfjord entlang, wo die Berge senkrecht in den Fjord stürzen und darauf warten, von euch bestiegen zu werden. In Skjeggedal beginnt dann die Wanderung zu einer der spektakulärsten Gebirgsformationen in Norwegen.

Hinter dem Parkplatz beginnt die Tour mit einem steilen 450-Meter-Anstieg von Skjeggedal zum Berg Mågelitoppen. Von hier aus folgt ihr dem Pfad entlang der stillgelegten Lorenbahn Mågelibanen. Oben angekommen wandert ihr rund vier Stunden in relativ flachem Gelände mit wenigen Steigungen unterwegs Richtung Osten weiter, bis ihr endlich zur Trolltunga kommt. Die gesamte Wanderung ist mit den roten Ts des norwegischen Wandervereins gekennzeichnet, an Weggabelungen sind Schilder aufgestellt. Unterwegs findet ihr auch Schilder, die anzeigen, wie weit ihr bereits gelaufen seid und wie weit es noch ist. Nach einer langen, teils anstrengenden, aber auch landschaftlich begeisternden Wanderung seid ihr nach vier bis 5 Stunden endlich am Ziel. Dort erwartet euch ein unvergesslicher Anblick! Wie eine versteinerte Zunge ragt der Felsvorsprung in den Himmel hinein. Jetzt könnt ihr vorsichtig auf die Zunge steigen und den Blick über die norwegischen Landschaften schweifen lassen.

Ryper

KYLVARA
HG 410 Signet
BT
WET SPEC

Restaurants

STRANDKAIEN FISK

In Brot eingewickelte Fischfrikadellen sind Bergens Version eines Burgers und gehören zu Bergen wie die Currywurst zu Berlin. Die leckersten Fischfrikadellen bekommt man im Strandkaien – Bergens angeblich wichtigstem Fischgeschäft.

Adresse: Strandkaien 18, Bergen

Preise: €

FLØIEN FOLKERESTAURANT

Das Fløien Folkerestaurant von 1925 ist eines der renommiertesten Restaurants von Bergen mit einem spektakulären Blick auf die Stadt. Das Restaurant auf dem Fløyen hat zwar eher Ausflugslokalcharakter mit etwas eingeschränktem Sortiment, aber die angebotenen Speisen sind moderat im Preis und relativ bodenständig. Das Haupterlebnis bleibt trotzdem der einmalige Blick auf Bergen.

Adresse: Fløyfjellet 2, Bergen

Preise: €€

RESTAURANT 1877

Das Restaurant 1877 ist ein Lokal mit Wohlfühlfaktor. In liebevoll und gemütlich eingerichteten Räumen fühlt man sich wie bei Freunden zu Gast und genießt leckeres, norwegisches Essen. Die Speisen sind mit viel Detail und Raffinesse zubereitet und arrangiert und ein toller Service rundet das Angebot ab. Die Preise sind zwar auch für norwegische Verhältnisse hoch, aber für die Qualität des Essens auf jeden Fall angemessen. Abends nur Auswahl zwischen Dreigänge- oder Fünfgängemenü.

Adresse: Vetrlidsallmenningen 2, Bergen

Preise: €€€

© LAURA BRECHTEL

DAUER CA. 1–2 STUNDEN / ZUTATEN FÜR 2 PERSONEN

Pfannenpizza

Beim Camping fehlt es einem meist an nichts: Man hat zwei Herdplatten, einige Kochutensilien und leckere Zutaten. Doch manchmal hätte man doch Lust auf etwas aus dem Ofen, zum Beispiel eine Pizza. Hier lest ihr, wie man das auch ohne Ofen und trotzdem super einfach und lecker meistern kann.

200 g Mehl (Vollkorn)
15 g frische Hefe oder 1 TL Trockenhefe
100 ml lauwarmes Wasser
½ TL Zucker
1 TL Salz
1 EL Olivenöl

oder 1 fertiger Pizzaboden

weitere Zutaten nach Belieben
z.B. Oliven, Feta, geräucherter Lachs, Rucola,
Tomaten, Champignons etc.
Tomatensauce
(Fertigprodukt oder selbstgemacht)
100 g Streukäse

BEACHTET, DASS IHR DIE PIZZA NICHT ÜBERLADET. DA SIE NUR VON UNTEN HITZE BEKOMMT, BRAUCHT DER BELAG ETWAS LÄNGER, UM DURCHZUBACKEN.

HAND ROASTED
Verve
COFFEE ROASTERS

Fertigboden aus der Verpackung nehmen; das ist die einfachste Variante.

Etwas aufwendiger in der Zubereitung ist, wenn ihr den Teig selbst herstellt. Gebt das Mehl in eine Schüssel und formt eine kleine Kuhle in der Mitte. Hefe, Wasser, Zucker, Salz und das Öl in die Kuhle geben. Verrührt das Ganze vorsichtig und knetet es zu einem glatten, geschmeidigen Teig. An einem warmen Ort für ca. 1 Stunde gehen lassen. Anschließend wird der Teig dünn ausgerollt. Ihr habt kein Nudelholz zur Verfügung? Macht nichts. Probiert es mit einer Flasche oder einem großen Glas. Nun wird der Teig „gebacken". Dazu kommt er in eine große Pfanne und wird mit einem Deckel oder einem Teller zugedeckt. Lasst ihn ca. 20–30 Minuten über dem Feuer „backen". Wenden nicht vergessen! Der Teig bekommt anschließend beim Backen des Belags noch einmal Hitze von der Unterseite. Deshalb einfach von einer Seite ein bisschen länger vorbacken. Da die Pizza nicht in den Ofen wandert und der Belag somit nicht wirklich gebacken wird, müssen alle rohen Zutaten wie z.B. die Tomaten und eventuell auch die Pilze vorher angebraten oder gegart werden. Zunächst schneidet ihr am besten diese Zutaten in Scheiben und bratet sie in einer Pfanne an, bis sie durch sind.

Jetzt sind die übrigen Zutaten an der Reihe, die keine „Vorbehandlung" benötigen. Dazu gehören z.B. geräucherter Lachs, Rucola, Feta und Oliven. Diese schneidet ihr einfach in kleine Stücke. Jetzt den Teig zuerst mit Tomatensauce bestreichen und dann mit den gewünschten Zutaten belegen. Käse darüberstreuen und dann mit dem Deckel oder dem Teller abdecken und ca. 10 Minuten bei geringer Hitze „backen". Ab und zu kontrollieren, dass der Boden nicht von der Unterseite anbrennt – ansonsten Hitze reduzieren.

+++ BLOGGERTIPP +++

Timo

BRUDERLEICHTFUSS.COM

❶ Warum sollten Camperreisende nach Bergen kommen?

Bergen wird auch „das Tor zu den Fjorden" genannt, denn von hier aus geht es in die Landschaft, an die Reisende sofort denken, wenn es um Norwegen geht: Die Fjorde reichen hier teilweise über hundert Kilometer in die schroffe Bergwelt des Binnenlands hinein. Viele Norwegen-Fans bezeichnen die Westküste nördlich von Bergen als den landschaftlich schönsten Teil des Landes. Bergen ist außerdem das kulturelle Zentrum von Norwegens Westen: Hier findet sich eine riesige Anzahl an Museen, Galerien und Konzerthäusern. Außerdem trifft man in der Innenstadt Bergens an fast jeder Ecke auf Spuren der reichhaltigen Geschichte, die zu einem großen Teil auch mit der deutschen Geschichte verbunden ist: Die vielleicht größte Sehenswürdigkeit der Stadt „Tyskebryggen" ist ein ehemaliges Hansekontor, das von Kaufleuten aus Lübeck errichtet wurde.

❷ Welche Insidertipps hast du für Bergen?

Abgesehen von den großen Highlights der Stadt, nämlich Tyskebryggen, dem Theater, den Museen und dem Fischmarkt, bin ich ein großer Fan der nahen Umgebung Bergens. Vom Stadtzentrum ist man in kürzester Zeit auf einem der sieben Berggipfel der Stadt, von denen aus man einen traumhaften Ausblick auf Bergen selbst, die Fjorde und die zahlreichen Inseln vor der Küste hat. Die Aussichtsplattformen der Berge Ulriken und Floyen sind zwar mit Seilbahnen erreichbar, aber auch zu Fuß braucht man vom Stadtzentrum aus auf die Gipfel nur ein bis zwei Stunden und wird mit fantastischer Landschaft und immer wieder tollen Ausblicken belohnt.

❸ Was sind deine kulinarischen Tipps für Bergen?

Man sollte in Bergen unbedingt die Fischsuppe ausprobieren, die man auf dem Fischmarkt, aber auch in vielen der zahlreichen kleinen Restaurants rund um den Hafen bekommt. Kulinarisch wird die Bergener Küche wie in ganz Norwegen vom Fischfang dominiert: Wer experimentierfreudig ist, kann fast überall in der Stadt auch den getrockneten Stockfisch (tørrfisk) oder fermentierte Forelle (rakfisk) probieren – beide Gerichte entsprechen allerdings nicht unbedingt jedermanns Geschmack. Ähnlich ist es mit geräuchertem Schafskopf, der hier zu den traditionellsten Gerichten gehört. Sehr populär und lecker sind auch Wild und Rentierfleisch – dafür muss man allerdings auch mal tiefer in die Tasche greifen.

Über Timo

Timo Peters reist seit 2011 für seinen Abenteuerblog bruderleichtfuss.com auf der Suche nach außergewöhnlichen Erlebnissen in der Natur und in der Wildnis um die Welt. Ob er dabei zu Fuß, per Anhalter, Kajak oder auf Segelyachten unterwegs ist, ist für ihn nicht so wichtig – Hauptsache abenteuerlich! Auf der Suche nach Wildnis kam Timo 2013 zum ersten Mal nach Norwegen und verliebte sich so sehr in das Abenteuerparadies, dass er immer wieder hierher reiste. Zwei Jahre später verlegte er seine Homebase komplett in den hohen Norden, lebte ein Jahr in Bergen und ist mittlerweile in einem kleinen Holzhäuschen am Fjord mitten im Nirgendwo Westnorwegens zuhause.

Tag 5 und 6

FAHRT VON BERGEN NACH FLÅM

Im kleinen Dörfchen Flåm mitten im Aurlandsfjord könnt ihr auf Entdeckungsreise mit der berühmten Flåmbahn gehen, eine spannende Fjordsafari machen oder die kulturell wertvollen Stabkirchen entdecken.

Tagesablauf

Entfernung: 170 km

Fahrzeit: 2,5 Stunden

Besonderheiten: Maut

FAHRT VON BERGEN NACH FLÅM

Ihr startet am Morgen nach dem Frühstück vom Campingplatz aus die heutige Reise von Bergen nach Flåm. Knapp 170 Kilometer erwarten euch und ihr solltet dafür gute zweieinhalb Stunden einplanen.

Auf dem Weg befindet sich eine Mautstation zwischen Trengereid und Stanghelle, die ihr leider auf dieser Strecke nicht umgehen könnt. Ihr startet zunächst von Bergen aus Richtung Norden auf der E39 für knapp zwei Kilometer. Dann kommt die Abfahrt auf die E16, der ihr 165 Kilometer zunächst auf der südlichen Seite und später auf der nördlichen Seite des Fjords folgt. Während eurer Fahrt passiert ihr Evangen, Vossevangen und zum Schluss Gudvangen und könnt bereits erste beeindruckende Blicke auf die Fjordlandschaft werfen.

Mittags erreicht ihr euer Tagesziel und könnt entscheiden, ob ihr einen Stellplatz auf dem Campingplatz im lebendigeren Flåm oder etwas abgelegen im ruhigen Gudvangen aufsuchen möchtet. Beide Campingplätze haben traumhafte Aussichten auf den Fjord. Heute Nachmittag könnt ihr zunächst das kleine Örtchen Flåm entdecken. Nach kurzem Spaziergang durch den Ort wird es Zeit für eine Stärkung. Wie wäre es zum Beispiel mit einem Besuch der Bäckerei? Dann der Höhepunkt für den heutigen Tag: Eine Schifffahrt über den Nærøyfjord! Ihr könnt entweder mit einer klassischen Fähre oder mit dem modernen Hybridboot über den Fjord schippern.

Da ihr noch den ganzen nächsten Tag in Flåm verbringt, könnt ihr euch das Highlight dieser Etappe für morgen aufheben: Die Fahrt mit der Flåmbahn! Kauft euch am besten schon am Ankunftstag das Ticket, das erspart das Anstehen am Morgen. Wer möchte, kann alternativ am nächsten Tag eine Kajaktour, eine Ziegenwanderung oder einen Ausflug nach Aurland machen.

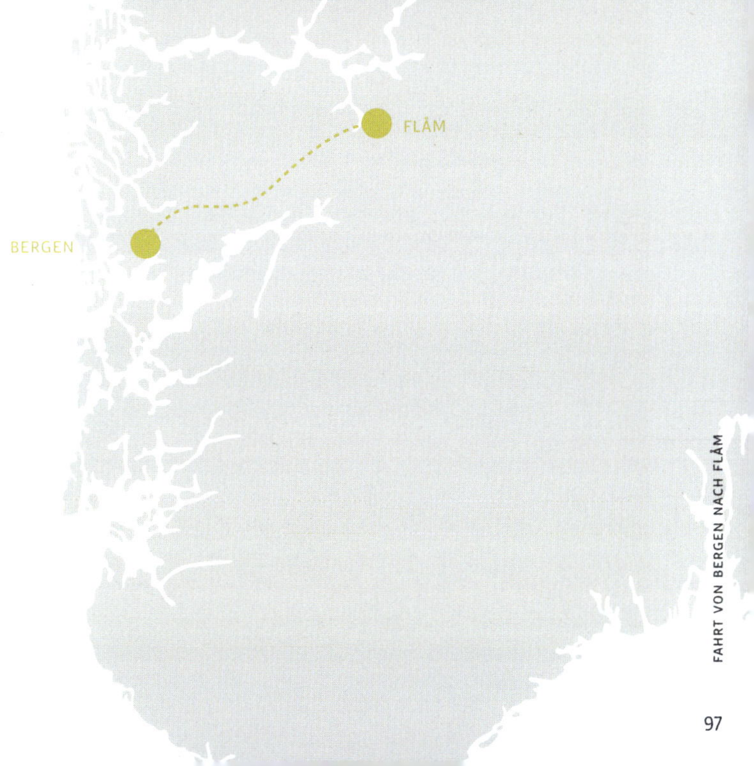

© M_DICKSON - FOAP - VISIT NORWAY

KLEINES DORF IN GEWALTIGER UMGEBUNG

- Flåm -

Jahr für Jahr strömen unzählige Besucher nach Flåm. Kein Wunder – gehört das winzige Dörfchen doch zu den dramatischsten, spektakulärsten Orten, die Norwegen zu bieten hat.

Es liegt im Aurlandsfjord, dem innersten Seitenarm des tiefsten und zweitlängsten Fjords der Welt, dem 204 Kilometer langen und 1.308 Meter tiefen Sognefjord. Flåm ist umgeben von hohen Bergen, donnernden Wasserfällen und schmalen Tälern. Im Frühling und im Sommer könnt ihr die großen Kreuzfahrtschiffe beobachten, die auf ihrem Weg zum Hafen durch den schmalen Fjord gleiten. 2014 wurde die Flåmbahn vom Reiseführer Lonely Planet als faszinierendste Bahnstrecke der Welt bezeichnet. Die Reise führt von Flåm durch den Fjord bis hoch in die Berge. Während der 20 Kilometer langen Fahrt könnt ihr erleben, wie Flüsse sich ihren Weg durch tiefe Schluchten bahnen, Wasserfälle von den steilen, schneebedeckten Bergen herabstürzen und Berghöfe sich wagemutig an steile Abhänge klammern.

Flåm ist ein guter Ausgangspunkt für Wanderausflüge in die nahegelegenen Berge oder um den Aurlandsfjord und den Nærøyfjord zu erkunden. Der Nærøyfjord, der schmalste Fjord der Welt, ist auf der renommierten Liste des UNESCO-Weltnaturerbes aufgeführt – an seiner engsten Stelle misst er gerade einmal 250 Meter. Sein ruhig fließendes Gewässer ist von riesigen, steilen Felswänden eingerahmt.

Empfehlenswert sind zudem das Angeln im Fluss Flåmselven oder Radtouren auf dem Rallarvegen („Bahnarbeiter-Weg"), der zu den beliebtesten und landschaftlich schönsten Radwegen Norwegens gehört. Auch kulinarisch könnt ihr in Flåm ganz auf eure Kosten kommen und eine vielfältige Auswahl an regionalen und traditionellen Speisen finden. Tipp von uns: In den Restaurants gibt es tolle Speisen mit Räucherschinken, Wild, Lamm, Lachs, Ziegenkäse, Obst und Beeren. Ægir, die örtliche Brauerei, ist in ganz Norwegen für ihr traditionell gebrautes Bier bekannt.

Campingplätze

FLÅM CAMPING OG VANDRARHEIM

PREISE
Camper 260 NOK
inkl. 2 Personen
Strom 50 NOK

ADRESSE
Nedre Brekkevegen 12
5743 Flåm
Norwegen

Der Campingplatz von Flåm gehört zur Jugendherberge und liegt direkt im Zentrum von Flåm. Der Platz liegt mitten in der Natur, umgeben von alten Apfelbäumen mit tollem Ausblick auf die Berge und den Fjord.

Die Wohnmobilstellplätze sind über den ganzen Campingplatz verteilt und auf unterschiedlich hohen Terrassen angelegt – so hat jeder von seinem Platz aus einen unvergleichlichen Ausblick. Die sanitären Anlagen sind sauber und gepflegt. Der Campingplatz hat einen kleinen Kiosk mit Lebensmitteln und liegt fußläufig zum Bahnhof (Flåmsbana) und zum nächsten großen Supermarkt (Coop).

Mitglieder mit Jugendherbergsausweis bekommen 10 Prozent Ermäßigung.

© SANDE CAMPING

GUDVANGEN CAMPING

PREISE
Camper 250 NOK
Erwachsene 30 NOK
Strom 30 NOK

ADRESSE
5747 Gudvangen
Norwegen

Sehr schön gelegener Campingplatz in Gudvangen, ca. 20 Kilometer von Flåm entfernt. Der Platz liegt etwa zehn Minuten vom Zentrum von Gudvangen entfernt, direkt am Fjord mit Ausblick auf den imposanten Kjelfossen-Wasserfall. Der weiträumige Platz bietet sehr schöne Stellplätze für Wohnmobile und Zelte. Wer dem Trubel und den Kreuzfahrttouristen von Flåm aus dem Weg gehen möchte, ist hier genau richtig.

In der Nähe befindet sich ein kleiner Supermarkt und auch das Zentrum von Gudvangen mit dem Fährhafen mit Ausflugsschiffen nach Flåm ist nicht weit.

POST

Sehenswürdigkeiten

STABKIRCHEN

Flåm ist ein hervorragender Ausgangspunkt für Besuche in vielen der ganz besonderen Stabkirchen in Norwegen. Rund um den Naerojfjord befinden sich zum Beispiel Norwegens älteste und zum Teil schönste Stabkirchen. Kulturinteressierte sollte diese einzigartigen Kulturrelikte nicht verpassen! Knapp drei Kilometer von Bahnhof Flåm entfernt, befindet sich die Flåm Kirke, eine Holzkirche aus dem Jahr 1667. Der Eintritt in die Kirche ist frei. **Weitere besondere Kirchen findet ihr zum Beispiel hier:**

- Stabkirche in Undredal – eine der ältesten und kleinsten Kirchen in Skandinavien
- Stabkirche Borgund in Lærdal aus dem 12. Jahrhundert
- Stabkirche in Bakka – sehr schöne, weiße Holzkirche aus dem 18. Jahrhundert

FLÅMSBANA MUSEET/FLÅMBAHN-MUSEUM

In diesem Museum erfahrt ihr alles über den Bau der weltbekannten Bahnstrecke durch die Hochebene von Myrdal nach Flåm am Sognefjord. Wie konnte die Technologie für eine der steilsten Bahnstrecken der Welt entwickelt werden? Welche Menschen stecken hinter dieser einmaligen Ingenieurskunst und wie hat die Bahn das Leben der Menschen in Flåm verändert? In der Ausstellung findet ihr eine Sammlung aus Bildern und Filmen vom Bau, Werkzeugen, Motoren und alten Lokomotiven.Das Museum befindet sich zusammen mit einem großen Souvenirshop im alten Bahnhofsgebäude von Flåm.

Preise: Eintritt frei   Adresse: Stasjonsvegen 8, 5742 Aurland

HISTORISCHES HOTEL IN FLÅM/ FRETHEIM HOTEL

Erlebt englische Traditionen und norwegische Gemütlichkeit im historischen Hotel in Flåm! Das Hotel Fretheim wurde Ende des 19. Jahrhunderts von englischen Lachsfischern gebaut und eröffnet. Damit gehört es zu den ältesten noch vorhandenen Hotels in Norwegen und zeigt sein historisches Ambiente auch mit ganzem Stolz. Neben alten Ausstellungsstücken aus der Zeit der Entstehung sind viele Zimmer noch ähnlich gestaltet und ausgestattet wie zur damaligen Zeit. Zu dem Hotel gehört neben einem erstklassigen Restaurant auch ein sehr gepflegter Rosengarten, in dem man hunderte verschiedene Rosensorten und andere, typisch norwegische Pflanzen erleben kann.

AUSSERHALB VON FLÅM: AURLAND: TRADITIONELLE SCHUHFABRIK AURLAND

Die Schuhfabrik von Aurland ist ein Erlebniszentrum, in dem ihr die Geschichte und die Herstellung der ledernen Aurland-Schuhe hautnah erleben könnt. Der traditionelle Lederschuh, den es heute in vielen Variationen gibt, wird seit den 1930er Jahren nur in Aurland hergestellt.

Das Ausstellungszentrum der Fabrik ist nach dem Modell eines sogenannten Écono-Museums aufgebaut, wo ihr die Entstehung des Schuhs vom Lederstück bis zum fertigen Produkt live miterleben könnt. Die Schuhmacher, die bis heute fast ausschließlich von Hand arbeiten, beantworten auch gerne alle eure Fragen. Zusätzlich habt ihr die Möglichkeit, im Fabrikverkauf hochwertige Schuhe zu vergünstigten Preisen zu kaufen.

Kostenloser Zugang für Einzelpersonen
und kleine Gruppen
Führungen ab 12 Personen

FLÅMBAHN/FLÅMSBANA

Schäumende Wasserfälle, steil abfallende Felswände, mehr als 20 Tunnels und eine der steilsten Bahnstrecken der Welt ...

Die Flåmbahn wartet mit einigen Superlativen auf und ist definitiv eine der Aktivitäten, die ihr auf gar keinen Fall verpassen dürft! Die Fahrt mit der Flåmbahn gehört zu den spektakulärsten Zugreisen und ist eine der bedeutendsten Attraktionen in Norwegen. Auf eurer Reise vom Ende des Aurlandsfjords bis hinauf ins Gebirge von Myrdal passiert ihr die beeindruckendsten Landschaften Westnorwegens. Hinter jedem Berg tauchen so viele neue fantastische Aussichten und Landschaften auf, dass viele Besucher die Fahrt am liebsten mehrfach machen würden. Im Laufe einer knappen Stunde Fahrt klettert der Zug vom Bahnhof Flåm, der auf Meeresspiegel gelegen ist, bis zum im Hochfjell gelegenen Bahnhof Myrdal in der Hardangervidda auf 870 Metern Höhe hinauf.

ABLAUF DER BAHNFAHRT

Euer erster Stopp mit der Bahn ist am Wasserfall Kjofossen. Hier hält der Zug für ein paar Minuten und ihr könnt aussteigen und Fotos machen. Nächster Stopp ist der Bahnhof in Myrdal. Hier könnt ihr euch auf dem Bahnsteig umsehen, im Ort ein Tässchen Kaffee im Café Rallaren trinken und mit dem nächsten Zug zurückfahren.

Hin- und Rückfahrtticket Flåm–Myrdal–Flåm
Erwachsene: 550 NOK
Kinder 4–15 Jahre: 274 NOK

Fahrkarte einfache Strecke
Erwachsene: 360 NOK
Kinder 4–15 Jahre: 220 NOK

Tickets erhaltet ihr am Bahnhof in Flåm oder unter www.nsb.no/en/

Wenn der Andrang sehr groß ist, das Ticket am besten am Vortag kaufen! Im Sommer gibt es zehn Abfahrten täglich, im Winter vier Abfahrten täglich.

SICHERT EUCH AUF DER RÜCKFAHRT EINEN PLATZ AUF DER LINKEN SEITE – DORT GIBTS DIE BESTEN AUSBLICKE! WER DIE FAHRT MIT EINER KLEINEN WANDERUNG KOMBINIEREN MÖCHTE, KANN EIN ONE-WAY-TICKET NACH MYRDAL BUCHEN UND DIE STEILE STRECKE NACH OBEN MIT DEM ZUG ABSOLVIEREN. ZURÜCK GEHTS DANN ZU FUSS.

© SVERREHJORNEVIK - FLÅM AS

Aktivitäten

SCHIFFFAHRT NÆRØYFJORD/FJORD CRUISE
MIT DEM SCHIFF ÜBER DAS WELTKULTURERBE

Von Flåm oder Gudvangen aus könnt ihr eine Schifffahrt durch den schönsten und engsten Fjord der Welt machen. Der schmale und spektakuläre Nærøyfjord ist von steilen Berghängen mit schneebedeckten Gipfeln umgeben, die bis 1.800 Meter in die Höhe ragen. Der Fjord ist von idyllischen, kleinen Gehöften und rauschenden Wasserfällen gesäumt. Aufgrund der Schönheit und Einzigartigkeit wurde der Nærøyfjord auf die UNESCO-Liste der Weltnaturerbe genommen. Eine Fjordschifffahrt ist ein einmaliges Erlebnis und gehört zu den absoluten Highlights eurer Norwegen-Reise. Ihr könnt entweder eine Fähre nehmen oder bei einem speziellen Fjord Cruise mit dem modernen und umweltfreundlichen Hybridboot „Seasight“ den Fjord entdecken. In Undredal könnt ihr einen kleinen Stopp einlegen und das idyllische Dorf erkunden. Hier könnt ihr die kleine, weiße Stabkirche besuchen und traditionellen Ziegenkäse probieren. Mit der nächsten Fähre gehts dann über den Fjord wieder zurück nach Flåm.

Abfahrt von:	Flåm, Aurland, Undreal, Gudvangen
Dauer:	Hybridboot: 1,5 Stunden
	Normale Fähre: 2 Stunden 15 Minuten
Preise:	ab 335 NOK pro Person

KAJAKTOUR ODER FJORDSAFARI

Wer es sportlicher oder abenteuerlicher mag, kann auch mit Kajak oder einem RIB-Schlauchboot den Fjord erkunden. Mehrere Anbieter bieten geführte Touren in Kleingruppen an. Von Flåm aus könnt ihr damit entweder sportlich mit dem Kajak durch den Sognefjord paddeln oder mit einem modernen Schlauchboot an den steilen Hängen des Fjords vorbeidüsen. Von den kleinen Booten aus kann man die Landschaft besonders intensiv genießen und auch die reiche norwegische Tierwelt kennenlernen. Die Chancen stehen gut, dass ihr sogar Seehunde, Tümmler oder einen Adler entdeckt! Bei beiden Touren macht ihr auf der Fahrt einen Halt, um den Bergbauernhof Stigen auf 360 Metern Höhe zu erkunden und die Geschichte des Hofes kennenzulernen. Alle Kajaktouren sind für Anfänger geeignet. Ihr könnt auch eine Kombitour aus Kajak, Wanderung und Besichtigung von alten Wikingerstätten machen (z.B. die Tour „Der alte Königsweg“, Dauer vier Stunden). Nicht vergessen: Lunchpaket, Getränke und Kamera auf keinen Fall vergessen!

Kajak

Preise: Erwachsene ab 350 NOK
Dauer: 3 Stunden oder länger
Abfahrt: Flåm

Fjordsafari

Preise: Erwachsene ab 700 NOK
Kinder: ab 500 NOK
Dauer: 1,5 Stunden, Abfahrt: Flåm

BOOTSFAHRT UND WANDERUNG ZUR ZIEGENFARM

Einen abwechslungsreichen Ausflug inklusive Käseverkostung könnt ihr auf dieser geführten Kombitour erleben. Mit einem RIB-Schlauchboot geht es am beeindruckenden Wasserfall Sagfossen vorbei bis nach Aurland. Auf dem Weg könnt ihr bereits die atemberaubende Landschaft und die einzigartige norwegische Tierwelt bestaunen. In Aurland startet die Wanderung bis hoch nach Leim, wo die traditionelle Ziegenfarm liegt. Vorbei an der Werft und entlang einer alten Bauernstraße geht es bergauf

zur Skjerdal-Farm. Auf dem Weg passiert ihr einige spektakuläre Wasserfälle und könnt die Aussicht auf den Fjord genießen. Angekommen bei der Farm erhaltet ihr eine kleine Einführung in die Herstellung des traditionellen Ziegenkäses. Danach gibt es ein gemeinsames Mittagessen und die Verkostung der hausgemachten Käseprodukte. Auch für das Kennenlernen der Ziegen ist noch genug Zeit, bevor es mit dem Auto zurück nach Flåm geht.

Preise: Erwachsene ab 1.190 NOK
Kinder ab 690 NOK
Abfahrt: Flåm

DER STRAND VON FLÅM

Knapp fünf Minuten vom Campingplatz in Flåm entfernt, liegt ein kleiner Strand am Fjord umgeben von einer idyllischen grünen Wiese. Hier könnt ihr den Tag auch einfach nur zum Entspannen nutzen, eine Runde baden oder mit den Kids spielen. Ein natürliches Schwimmbecken sowie ein kleiner Fluss bieten auch für kleinere Kinder eine perfekte Umgebung zum Spielen und Toben. Für die Großen gibts ein Beachvolleyballfeld zum Auspowern.

Kardemummabulle 33kr
innehåller surdeg
Kanelbulle

Restaurants

ÆGIR BRYGGERI PUB

Urig eingerichtete Mikrobrauerei im norwegischen Wikingerstil. Der Pub besticht mit vielen verschiedenen Sorten Craft Beer und lokalen Spezialitäten, wie zum Beispiel dem gebeiztem Lachs in Honig-Senf-Sauce. Wem die Preise besonders für das Bier nicht zu norwegisch sind, der kommt hier in den Genuss von großartiger Braukunst! Der perfekte Abschluss nach einem aufregenden Tag mit spannenden Wanderungen, Fjordsafaris oder Kajaktouren.

UNBEDINGT DAS INDIAN PALE ALE (IPA) PROBIEREN!

Adresse: Flåmsbrygga, Flåm
Preise: €€–€€€

FLÅM-BÄCKEREI

Hausgemachtes Brot, knusprige Gebäckteilchen, frische Sandwiches oder köstliche Kuchen findet ihr neben dem Bahnhof in der Bäckerei von Flåm. Mit einer Kombination aus norwegischer Tradition und französischer Expertise schaffen die beiden Bäckermeister hier köstliche, hausgemachte Backwaren. Der passende Kaffee wird natürlich gleich dazugeliefert. Perfekt für einen Nachmittagssnack!

Adresse: Flåm
Preise: €–€€

RESTAURANT FLÅMSTOVA

Schickes Restaurant im norwegischen Stil mit viel Stein, Glas und Holz. Vom Garten oder der Terrasse aus habt ihr einen fantastischen Blick auf den Fjord. Die Speisekarte ist abwechslungsreich und die Speisen sind groß und raffiniert angerichtet. Im Sommer gibt es hier auch täglich große Mittags- und Abendbuffets.

Adresse: Flåmsbrygga, Flåm
Preise: €€–€€€

DAUER CA. 20 MINUTEN / ZUTATEN FÜR 2 PERSONEN

Pfannkuchen

Egal ob zum Frühstück oder als leichtes Abendessen: Für dieses Gericht braucht ihr nicht viel mehr als das, was eh in einer gut sortierten Camperküche zu finden ist. Hauptzutaten sind Mehl, Eier und Milch. An Früchten oder herzhaften Zutaten könnt ihr euch je nach Angebot austoben und ausprobieren.

2 Eier
1 Tasse Milch
2 Tassen Weizenmehl
1 Prise Salz
1 EL Zucker
Rapsöl zum Braten

Zutaten für deftige Pfannkuchen:
100 g getrocknete Tomaten in Öl
1 Becher Schmand
2 Limetten
Salz und Pfeffer

1 Bund Dill
1 Avocado

Zutaten für süße Pfannkuchen:
200 g frische Heidelbeeren
Puderzucker

Die Eier trennen und in zwei verschiedene Schüsseln geben. In die Schlüssel mit dem Eigelb die Milch geben, die Mischung cremig rühren, dann das Weizenmehl und eine Prise Salz hinzufügen und zu einer cremigen dickflüssigen Masse verrühren. In die Schüssel mit dem Eiweiß einen Esslöffel Zucker geben und das Eiweiß zu Eischnee steif schlagen. Dann den Eischnee zu dem Ei-Mehl-Gemisch geben und vorsichtig unterheben. Um zwei unterschiedliche Pfannkuchen herzustellen, müssen wir nun den Teig halbieren und auf die zwei Schüsseln aufteilen. Zunächst stellen wir die süsse Variante her.

SÜSSE VARIANTE

Für die Heidelbeerpfannkuchen benötigen wir den zweiten Teil der Teigmasse. Die Heidelbeeren waschen, trocken tupfen und vorsichtig unter den Teig heben. Auch hier den Teig mit zwei

© LAURA BRECHTEL

© LAURA BRECHTEL

Esslöffeln zu einem Pfannkuchen formen und in das heiße Öl geben. Darauf achten, dass der Teig die richtige Konsistenz hat und nicht in der Pfanne zerfließt. Nach dem Backen auf ein Küchenpapier geben und das überschüssige Fett abtropfen lassen. Die Heidelbeerpfannkuchen mit etwas Puderzucker bestäuben und servieren.

DEFTIGE VARIANTE

Die getrockneten Tomaten abtropfen lassen und klein schneiden. Die Tomaten in die fertige Teigmasse geben und unterheben. Hier nicht zu stark rühren, da sonst der Teig in sich zusammenfällt. Nun in einer Pfanne reichlich Öl erhitzen. Den Teig mit Hilfe von zwei Esslöffeln aus der Schüssel heben und als Fladen in der Pfanne formen. Dann Deckel drauf und bei mittlerer Hitze von jeder Seite ca. 2 Minuten backen. Zu den Tomatenpfannkuchen gibt es einen leckeren Limettenschmand. Hierfür einen Becher Schmand mit dem Saft und der Schale von zwei Limetten verrüheren und mit Salz und Pfeffer abschmecken. Dazu gibt es noch frischen Dill und in Stücke geschnittene Avocado.

BLOGGERINTERVIEW

Carina & Leon

LAST-PARADISE.COM

1 Warum sollten Camperreisende nach Flåm kommen?

Das kleine Dörfchen an sich ist eigentlich eher unspektakulär: Der Ortskern besteht hauptsächlich aus einer Touri-Information, einem Duty-free-Laden, Bahnhof und Hafen sowie einem Hotel. Das ganze Dorf ist hauptsächlich auf den Tourismus ausgelegt und hat an sich wenig natürlich gewachsene Strukturen. Viel zu entdecken gibt es in Flåm selbst eigentlich nicht. Wäre da nicht dieser spektakuläre Fjord! Ein solches Naturwunder haben wir vorher so noch nicht gesehen. Schon die Strecke von Bergen nach Flåm ist aufregend und gesäumt von unzähligen Tunneln. Kurz vor Flåm fängt die Landschaft an, sich zu verändern. Die Hänge links und rechts von der Straße werden steiler und höher, die Kurven werden enger, auf einmal fließt ein kleiner, reißender Fluss parallel zur Straße und hinter der letzten Kurve und dem letzten Tunnel eröffnet sich dann der Blick auf das Ende dieses atemberaubenden Fjords. Der Naeroyfjord fällt mit seinen grün-blauen Hängen steil in das türkis-schwarze Wasser, wo den ganzen Tag geschäftig kleine Postboote und Fähren, aber auch riesige Kreuzfahrtschiffe fahren. An den Rand des Fjords schmiegen sich zum Teil kleine, rote Holzhäuschen wie aus dem Prospekt und dann ertönt ein lautes Tuten und die kleine, grüne Flåmsbana schlängelt sich den Berg hinauf. Allein für den Anblick dieser einzigartigen Fjordlandschaft lohnt sich unserer Meinung nach der Weg nach Flåm!

❷ Welche Geheimtipps habt ihr für Flåm?

Da Flåm wirklich nur ein sehr kleines Örtchen ist, gibt es dort keine richtigen „Geheimtipps". Den Ort hat man in wenigen Minuten durchlaufen und richtig viel Spannendes konnten wir im Dorf selbst nicht entdecken. Deshalb solltet ihr unbedingt ein Abenteuer auf dem Fjord erleben. Unser absolutes Highlight war die Fahrt mit dem Hybridboot! Da wir ja bereits mit dem Camper viel von der wilden norwegischen Landschaft vom Land aus gesehen hatten, war der Blick vom Wasser aus noch einmal eine ganz andere Perspektive. Der Vorteil hierbei auch: Es gibt keinen Fahrer wie beim Autofahren und beide können schauen und staunen. Auch kein absoluter Geheimtipp, aber trotzdem einen Besuch wert ist die Brauerei in Flåm. Für einen kleinen Absacker am Abend ist es dort sehr gemütlich. In der Brauerei selbst sieht es aus wie in einer Wikingerhütte mit Feuerstelle in der Mitte und vielen rustikalen Bänken rundherum, auf denen weiche Felle liegen. Die verschiedenen selbst gebrauten Craftbeer-Sorten kann man auf einem Probierbrett bestellen und sich so für norwegische Verhältnisse halbwegs erschwinglich durch die Bierkarte probieren.

❸ Wie sieht euer perfekter Tag in Flåm aus?

Der perfekte Tag in Flåm beginnt mit einem entspannten Frühstück vor dem Bulli mit Blick auf den Fjord. Danach geht es zum Hafen und auf das Hybridboot, das uns in zwei Stunden von Flåm nach Gudvangen bringt. Während der Fahrt genießen wir die spektakuläre Aussicht auf den Fjord. In Gudvangen angekommen, geht es vom Schiff in den Bus, der uns zurück zu unserem Ausgangspunkt bringt. Zurück in Flåm, schnappen wir uns unsere Fahrräder und machen eine kleine Fahrradtour entlang des Fjords mit einem abschließenden Picknick direkt an dem kleinen Segelhafen. Von dort aus hat man den besten Blick auf den Fjord und die ein- und ausfahrenden Schiffe. Zum perfekten Abschluss des Tages grillen wir auf dem Campingplatz wieder vor unserem Bulli und lassen den Tag mit Blick auf den Fjord ausklingen.

Über Carina und Leon

Wir schreiben zusammen für unseren Reiseblog last-paradise.com. Wir lieben es, neue Orte zu entdecken, die noch nicht so überlaufen sind und noch etwas von den „letzten Paradiesen" dieser Welt haben. Immer auf der Suche nach dem Besonderen, hat es uns bereits nach Botswana, Borneo und auf die Azoren geführt. Zusammen mit unserem Bulli „Kermit" entdecken wir aber auch gerne Europa und waren mit dem Bus schon in Frankreich, auf Sardinien und in Skandinavien unterwegs. Nächstes Ziel mit unserem Bulli: die französische Atlantikküste!

Tag 7 und 8

FAHRT VON FLÅM NACH GEIRANGER

In Geiranger erwartet euch der weltberühmte Geirangerfjord, den ihr auf einer einmaligen Fährfahrt entdecken könnt. Neben dem gewaltigen Fjord solltet ihr auf keinen Fall die imposanten Wasserfälle und die beeindruckenden Aussichtsplattformen verpassen!

Tagesablauf

Entfernung:
270 km

Fahrzeit:
5 Stunden

Besonderheiten:
Aussichtsplattform Stegastein
längster Tunnel der Welt
Fähre (2×)

Heute steht die aufregendste und landschaftlich reizvollste Etappe eurer Reise an, denn es geht zum weltberühmten Geirangerfjord. Doch nicht nur euer heutiges Etappenziel wartet mit einer beeindruckenden Landschaft auf, sondern auch einige Erlebnisse der Superlative. Freut euch auf atemberaubende Aussichtspunkte, den längsten Tunnel der Welt oder den weltberühmten Schneeweg Aurlandsvegen und zum Schluss noch eine Fährfahrt über das UNESCO-Weltnaturerbe Geirangerfjord.

Auch wenn die Etappe mit 270 Kilometern gar nicht so lang erscheint, werdet ihr mindestens sechs Stunden brauchen. Um genügend Zeit für Fotostopps zu haben, solltet ihr etwas mehr Zeit einplanen. Am besten ihr nehmt euch den ganzen Tag Zeit für die Fahrt, denn ihr werdet sie brauchen, um die Landschaft zu bestaunen. Der ganze nächste Tag steht euch ebenfalls für Geiranger zur Verfügung. Ihr startet deshalb heute etwas zeitiger von Flåm, denn die Aussichtsplattform Stegastein, das erste Highlight des Tages, wartet bereits kurz hinter Flåm auf euch.

Folgt der E16 Richtung Norden für knapp acht Kilometer und haltet euch dann links Richtung Onstadvegen und folgt einer aufregenden Serpentinenstraße nach oben. Während sich die Straße immer weiter nach oben schlängelt, wird die Aussicht über den Fjord immer grandioser. Oben angekommen, seht ihr die Aussichtsplattform Stegastein in den steilen Fjord hineinragen. Nehmt euch Zeit, um die Aussicht auf den Fjord zu genießen. Dann gehts weiter. Jetzt folgt schon das nächste Highlight, denn ihr habt nun die Möglichkeit, entweder über den berühmten Schneeweg, den Aurlandsvegen, oder durch den längsten Tunnel der Welt mit 24,5 Kilometern bis nach Lærdal zu fahren.

Der Aurlandsvegen ist eine der schönsten Hochgebirgsstraßen in Norwegen und verläuft auf 1.306 Metern Höhe. Die Straße liegt so hoch, dass das ganze Jahr über Schnee liegt und sich im Frühjahr am Straßenrand bis zu zehn Meter hohe Schneewälle bilden. Deshalb nennen die Norweger die Straße Snøvegen – Schneeweg. Wer sich für den Aurlandsvegen entscheidet, folgt der VF243 für 48 Kilometer. Ihr kommt dabei an fantastischen Aussichten, durchdesignten Viewpoints, Schafherden mitten auf der Fahrbahn, mondähnlichen Landschaften und Schnee im Hochsommer vorbei.

Tag 7 und 8

Tagesablauf

Aber auch die Fahrt durch den Lærdalstunnel verspricht trotz fehlender Ausblicke ein tolles Erlebnis, denn er ist innovativ beleuchtet und durch eine kurvige Streckenführung interessant gehalten. Schneller ist man über den Weg durch den Tunnel natürlich auch. Wenn ihr in Lærdal angekommen seid, sind es von hier aus noch knapp 210 Kilometer. Folgt der Rv5 Richtung Norden und nehmt dort die Mannheller-Fodnes-Fähre. Danach folgt ihr der Rv5 für knapp 77 Kilometer, bis ihr in Skei auf die E39 trefft. Dieser Straße folgt ihr für weitere 20 Kilometer. In Byrkjelo nehmt ihr die Straßen weiter Richtung Norden und trefft dann auf die Rv15. Bei Grodås biegt ihr rechts auf die Rv60 ab und habt dann nach knapp 25 Kilometern Hellesylt erreicht. Von Hellesylt nehmt ihr die berühmte Fähre über den Geirangerfjord und bekommt hier schon einen ersten Einblick über den majestätischen Fjord. Die Fährfahrt von Hellesylt nach Geiranger dauert etwa eine Stunde und führt euch durch den berühmtesten Fjord der Welt, vorbei an senkrecht herabstürzenden Felsen, durch tiefgrünes Wasser und vorbei an unzähligen Wasserfällen. Setzt euch aufs Deck und genießt die Fahrt und die Aussicht.

Angekommen in Geiranger, fahrt ihr durch den kleinen Ort bis zum Campingplatz direkt im Zentrum. Macht euch einen schönen Abend, werft den Grill an und genießt die Aussicht auf die Berge, das Wasser und die vorbeifahrenden Schiffe.

Der ganze nächste Tag steht euch in Geiranger zur Verfügung und ihr könnt den spektakulären Fjord zu Fuß, per Rad, mit dem Boot oder Kajak erkunden. Euch stehen alle Möglichkeiten offen!

DIE ÜBERFAHRT MIT DER FÄHRE VON HELLESYLT NACH GEIRANGER UNBEDINGT VORHER RESERVIEREN, DA DIE PLÄTZE SCHNELL AUSGEBUCHT SEIN KÖNNEN!

Weitere Informationen zum Aurlandsvegen (Schneeweg) in Norwegen:

› der Aurlandsvegen ist eine Passstraße zwischen Aurdal und Laerdal
› sie ist geöffnet ab 1. Juni bis Mitte Oktober (dazwischen tatsächlich gesperrt aufgrund des Schnees)
› der höchste Punkt liegt auf 1.306 Metern
› auch im Sommer liegt Schnee am Straßenrand
› es gibt eine atemberaubende Panoramaaussicht Stegastein
› der Aurlandsvegen steigt sehr steil und einspurig an, ist aber dann leicht mit dem Auto und dem Wohnmobil zu befahren

DAS UNESCO-WELTNATURERBE

– Geiranger –

Das kleine Dorf Geiranger liegt am Fuße des UNESCO-Weltnaturerbes Geirangerfjord. Die Umgebung ist spektakulär und einzigartig. Hier erlebt ihr wunderschöne Fjordlandschaften, eine prachtvolle Natur und norwegische Kulturgeschichte aus nächster Nähe. Der Geirangerfjord wird oft als „Perle der norwegischen Fjorde“ bezeichnet. Majestätische Wasserfälle und imposante Berggipfel machen ihn zu einem der schönsten norwegischen Fjorde. Die unberührte Natur rund um das kleine Städtchen zieht jedes Jahr zahlreiche Touristen aus aller Welt an. Der 15 Kilometer lange Fjord, der sich von Hellesylt bis Geiranger erstreckt, ist von mächtigen Berggipfeln umgeben, die bis zu 1.700 Meter in die Höhe ragen. Die tiefste Stelle des Fjords beträgt 260 Meter.

Der Geirangerfjord gehört neben dem Nærøyfjord zu den längsten, tiefsten, schmalsten und schönsten Fjorden weltweit. Am beeindruckendsten ist der Geirangerfjord vom Wasser aus. Mit einem Ausflugsboot könnt ihr eine Fjordsafari machen, bei der ihr die verlassenen Höfe an den Berghängen sehen und faszinierende Erzählungen der Farmer hören könnt. Gleichzeitig könnt ihr die berühmten Wasserfälle, wie die „Sieben Schwestern“, den „Freier“ und den „Brautschleier“, hautnah erleben.

Urlauber können hier das ganze Jahr über verschiedenste Aktivitäten unternehmen: Angeln, Paddeln, Gipfelwanderungen, Skitouren, Kajaktouren und viel mehr. Vielleicht habt ihr ja Lust, eine Wanderung zu einem der alten Almhöfe weit oben in den Bergen zu machen? Wem das zu viel Action ist, der kann natürlich auch einfach in dieser wunderschönen Natur entspannen. Bei eurem Besuch in Geiranger solltet ihr auf keinen Fall die verschiedenen Aussichtspunkte in der Umgebung verpassen. Weit oben in den mächtigen Bergen habt ihr einen unglaublichen Blick. Die bekanntesten Aussichtspunkte sind Dalsnibba, Flydalsjuvet und Ørnesvingen. Ein wahres Kleinod für Besucher ist auch die alte Kirche in Geiranger.

© ØYVIND HEEN - VISIT NORWAY

Campingplätze

GEIRANGER CAMPING

PREISE
Grundpreis
Camper oder
Auto/Wohnwagen/Zelt
200 NOK
Erwachsener 30 NOK
Kinder 15 NOK
Strom 40 NOK

ADRESSE
6216 Geiranger
Norwegen

Dieser Campingplatz Geirangers liegt mitten im Ortszentrum von Geiranger. Der Platz bietet sich hervorragend als Ausgangspunkt für Ausflüge auf den Fjord, Wanderungen und sonstige Unternehmungen an. Teil des Campinggeländes ist ein langer Strand, außerdem könnt ihr direkt von eurem Camper aus hervorragend die Kreuzfahrtschiffe beobachten, die am äußersten Ende des Geirangerfjords ankern. Der Campingplatz bietet ca. 140 Campingeinheiten, für 70 Einheiten stehen Stromanschlüsse zur Verfügung. Der Sanitärbereich ist modern und sauber und eine Küche steht neben Waschmaschinen und Trockner auch zur Verfügung. Zusätzlich können beim Campingplatz Tret- und Ruderboote gemietet werden, mit denen ihr den Fjord unsicher machen könnt. Im Großkiosk auf dem Campinggelände sind die meisten Grundnahrungsmittel wie Milch und Brot erhältlich, weitere Versorgungseinrichtungen wie Supermarkt, Touristeninformation, Cafés, Restaurants, Geschäfte, Post und Bank liegen in unmittelbarer Nähe.

VINJE CAMPING

PREISE
Camper oder Caravan und Auto 130 NOK
Erwachsene 50 NOK
Kinder 25 NOK
Strom 50 NOK

ADRESSE
Geirangervegen 146
6216 Geiranger
Norwegen

Der Campingplatz Vinje Camping ist idyllisch und ruhig, schön in der Landschaft zwischen Wasserfällen und Bergen gelegen. Der Campingplatz ist nur knapp eineinhalb Kilometer vom Geirangerfjord und vom Zentrum von Geiranger entfernt und damit natürlich etwas abgeschirmt vom Trubel der Kreuzfahrttouristen.

Der Campingplatz verfügt über 50 Stellplätze, davon viele mit Stromanschluss und toller Aussicht auf den Fjord. In der Mitte gibt einen größeren Platz für Lagerfeuer und einen Spielplatz für die Kleinsten. Die sanitären Einrichtungen wurden im letzten Jahr komplett renoviert. Im Shop gibt es eine kleine Auswahl an Lebensmitteln und Campingbedarf. Darüber hinaus werden jeden Morgen frische Brötchen von der Bäckerei in Geiranger geliefert.

© SAMUEL TAIPALE - VISIT NORWAY

© CH - VISIT NORWAY

Sehenswürdigkeiten

GEIRANGER FJORDCENTER

Im Fjordcenter erfahrt ihr alles über die Entstehung und Geschichte der Berge, des Fjordes und der Menschen von Geiranger. Eine interessante Kunstausstellung und eine interaktive Multimediashow runden das Angebot ab. Das Geiranger Fjordcenter liegt etwa einen Kilometer außerhalb der Ortsmitte von Geiranger. Vom 15. Juni bis 31. August verkehren täglich jede Stunde von 11 bis 14 Uhr Busse von der Ortsmitte bis zum Center. Das Fahrticket beinhaltet neben dem Eintritt in das Geiranger Fjordcenter einen Abstecher zum Aussichtspunkt Flydalsjuvet.

Eintritt: 120 NOK, Kinder 60 NOK   Adresse: GJØVHAUGEN 37, Geiranger

AUSSICHTSPUNKT FLYDASJUVET

Eines der am häufigsten benutzten Motive der norwegischen Tourismuswerbung findet ihr am Flydalsjuvet. Von hier aus eröffnen sich euch ein imposanter Anblick und ein guter Standort für Fotos von Geiranger und dem Geirangerfjord mit den vielen Kreuzfahrtschiffen. Die Aussichtspunkte befinden sich auf zwei Plateaus, die durch einen Weg verbunden sind. Auf dem unteren Plateau steht außerdem die Installation „Fjordsetet“. Der Flydalsjuvet ist von der Strasse 63 leicht zu erreichen, ca. vier Kilometer von der Ortschaft Geiranger in Richtung Grotli.

KIRCHE IN GEIRANGER

Mitten in Geiranger liegt die kleine, weiße Holzkirche, die durch ihre besondere Form auffällt. Die Kirche aus dem Jahr 1842 ist oktogonal aufgebaut und von innen mit traditioneller Akanthusmalerei und Holzschnitzereien verziert.

KNUTEN

Die eigenartige Straßenkonstruktion, die den Namen Knuten – der „Knoten“ – erhalten hat, steht noch genau so, wie sie 1882 errichtet wurde. Diese Konstruktion entstand in Verbindung mit den Arbeiten an der Geiranger-Straße. Man wollte an Höhe gewinnen und schwierige Geländeverhältnisse überwinden. Die steinerne Konstruktion zeugt von hervorragender Ingenieurskunst und ist ein wichtiger Gedenkstein in Erinnerung an die Straßenpioniere, die von 1881 bis 1889 die Geiranger-Straße bauten.

SEHENSWÜRDIGKEITEN GEIRANGER-UMGEBUNG

GEIRANGER SKYWALK – DALSNIBBA

Auf keinen Fall verpassen solltet ihr den Ausflug zum Dalsnibba! Das ist ein über 1.400 Meter hoher Berg mit einem der spektakulärsten Aussichtspunkte ganz Norwegens! Von Geiranger dauert die Fahrt gut 40 Minuten und ihr habt etwa 20 Kilometer steile und extrem kurvige Strecke vor euch. Die letzten Kilometer führen allerdings entlang einer Mautstraße, die mit einer Schranke gesperrt ist. Diese geht nach Münzeinwurf automatisch hoch.

FRÜH LOSFAHREN, UM NOCH VOR DEN GANZEN REISEBUSSEN ANZUKOMMEN!

Ihr könnt den Dalsnibba auch auf einer geführten Bustour erkunden, jedoch ist die Chance groß, dass ein Großteil der Mitreisenden aus Kreuzfahrttouristen bestehen wird.

DIE WASSERFÄLLE „SIEBEN SCHWESTERN“

„Die sieben Schwestern“ gehören zu den am meisten fotografierten Wasserfällen des Geirangerfjords. Wie der Name schon sagt, stürzen hier am verlassenen Gehöft Knivsflå ganze sieben Wasserfälle senkrecht in den Fjord. Im Schnitt haben sie einen freien Fall von 250 Metern und in den wasserreichen Perioden sind sie ein beeindruckendes Schauspiel.

Die Wassermenge ist von der Schneeschmelze und dem Niederschlag abhängig und bestimmt auch, wie viele der sieben Wasserfälle man sehen kann. Normalerweise sind die Wasserfälle nach der Schneeschmelze von Mai bis Juli am größten.

Die Sage erzählt, dass alle „sieben Schwestern“ unverheiratet waren. Der Wasserfall auf der gegenüberliegenden Seite des Fjords ist der sogenannte „Freier“, der mehrere missglückte Anwerbungsversuche bei den sieben Schwestern startete. Die Wasserfälle sind vom Boot oder Schiff aus am besten zu sehen.

Aktivitäten

FJORDSIGHTSEEING GEIRANGER

Wem die Fährfahrt am Vortag noch nicht gereicht hat, der kann noch einmal ein Fjordsightseeing mit einem Ausflugsschiff machen. Auf der Tour könnt ihr den Geirangerfjord hautnah entdecken. Die Schiffe fahren dicht an den berühmten Wasserfällen vorbei und es gibt während der Fahrt Informationen und spannende Geschichten über den Fjord, die Bauernhöfe an den Hängen und über die Region generell.

Dauer: 1,5 Stunden
Preise: Erwachsene 350 NOK
Kinder 105 NOK

FJORDSAFARI MIT RIB-SPEEDBOOT

Etwas mehr Nervenkitzel und Action ist bei einer Fjordsafari mit einem Speedboot garantiert. Mit den sogenannten RIB-Booten saust ihr den Fjord entlang und kommt den spektakulären Wasserfällen näher als alle anderen. Wasserfeste Anzüge sorgen dafür, dass ihr bei dem wilden Speedboot-Spaß auch trocken bleibt. Auf der Tour werden mehrere Stopps gemacht, wo euch ein intensiver Einblick in das Leben im und am Fjord gegeben wird. Und wenn ihr Glück habt, trefft ihr sogar auf eine Gruppe Schweinswale, die den Fjord des Öfteren besuchen.

Dauer: 60–90 Min.
Preise: Erwachsene 695 NOK
Kinder 395 NOK

KAJAK GEIRANGERFJORD

Wer sich selbst ein wenig sportlich betätigen möchte, kann den Fjord auch mit dem Kajak erkunden. Zusammen mit einer Gruppe auf einer geführten Kajaktour seht ihr den Fjord noch mal von einer anderen, ganz naturnahen Perspektive. Von eurem Kajak aus entdeckt ihr auch bei dieser Tour wieder die Wasserfälle sowie auch Ausblicke auf den Berg Dalsnibba. Etliche Fotomotive warten auf dieser Tour auf euch, deshalb wasserfeste Kamera nicht vergessen! Die Touren sind auch für Anfänger geeignet. Ein Kajakführer gibt eine gründliche Einführung und begleitet euch auf der Tour. Empfohlene Ausrüstung: Kleidung und Schuhwerk, die nass werden dürfen. Kleidung zum Wechseln, Snack. Bei warmen Wetter: Sonnencreme und Wasser. Falls vorhanden: wasserdichte Jacke und Hose.

BUSRUNDFAHRT GEIRANGERFJORD

Mit einer geführten Bustour könnt ihr das Dorf Geiranger, die umliegenden Aussichtspunkte sowie auch den etwas weiter entfernt gelegenen Berg Dalsnibba entdecken. Von der Plattform des 1.500 Meter hohen Bergs habt ihr eine spektakuläre Aussicht auf den Geirangerfjord. Der Bus fährt über die aufregenden Serpentinenstraßen hinauf, hält auch am berühmten Aussichtspunkt Flydalsjuvet und fährt dann weiter nach Dalsnibba. Die Tour gehört zu den schönsten Bustouren in Norwegen.

Dauer: 2 Stunden
Preise: ab 220 NOK

© CH - VISIT NORWAY

Restaurants

CAFÉ OLE

Das Café Ole ist ein kleines, gemütliches Café im Zentrum von Geiranger. Es gibt eine Terrasse mit schönem Ausblick auf den Fjord und selbstgebackenen Kuchen und kleine Snacks. Kaffeefans finden hier den besten Kaffee in Geiranger.

Adresse: Gjorvahaugen, Geiranger Sentrum
Preise: €

BRASSERIE POSTEN

Einfach eingerichtetes Lokal mit Terrasse direkt im Hafen und schönem Blick auf den Fjord und die vorbeifahrenden Kreuzfahrtschiffe. Solides Essen mit Fokus auf Fleisch- und Fischgerichte sowie Pizza und Hamburger. Preise sind für norwegische Verhältnisse und die Lage einigermaßen fair.

Adresse: Geirangervegen 4
Preise: €€

WESTERÅS GARD

Uriges Restaurant in einer originalen, kleinen Holzfarm oberhalb des Fjords. Um zu dem Restaurant zu gelangen, ist eine kleine Wanderung den Berg hinauf notwendig. Von oben kann man einerseits die tolle Aussicht auf den Fjord und andererseits typisch norwegische Speisen genießen. Wer schon immer mal Rentier- oder Elchgerichte probieren wollte, kann dies hier oben tun. Aber ihr könnt auch lecker zubereiteten Lachs oder köstliche Waffeln mit frischen Früchten und Karamellcreme bekommen.

Adresse: Gnr 121 Bnr 5
Preise: €€€

DAUER CA. 90 MINUTEN / ZUTATEN FÜR 2–3 PERSONEN

GEGRILLTER *Lachs* IN HONIG-SENF-MARINADE

Heute ist es Zeit, endlich einmal den Grill anzuwerfen. Auf den Campingplätzen gibt es bestimmte Grillplätze, auf denen in allen Formen und Variationen gegrillt werden darf. Wir haben einen norwegisch angehauchten Rezeptvorschlag für euch, aber wer lieber bei den Standards bleibt, kann natürlich auch klassisch Steaks und Würstchen auf den Grill legen.

2 größere Lachsfilets
mit Haut (zusammen 650 g)
Alufolie

½ Bund Petersilie
2 TL Senf
1 EL Honig
50 ml Olivenöl
Salz und Pfeffer

Zunächst schneidet ihr die zwei großen Lachsfilets in drei kleinere Stücke. Die Marinade könnt ihr in einer Tasse oder einem Becher mixen. Dafür nehmt ihr die grob gehackte Petersilie, Senf, Honig, Öl, Pfeffer und Salz und mixt das Ganze mit einer Gabel, bis sich Senf und Honig vollständig aufgelöst haben.

Dann legt ihr die Lachsfilets nebeneinander und mit der Haut nach unten in eine große Plastikdose und verteilt die Marinade darüber. Den Fisch rundherum damit einreiben. So sollte er eine Stunde zugedeckt ziehen. Wenn es nicht zu warm ist, könnt ihr ihn draußen stehen lassen, ansonsten ab in den Kühlschrank. Als Nächstes legt ihr jedes Stück Lachs mit der Haut nach unten auf ein längliches Stück Alufolie, faltet die Seitenränder nach oben und dreht die Enden wie Bonbons ein. Die Päckchen selbst bleiben oben offen.

Die Lachspäckchen auf den Grill legen. Er braucht etwas mehr als 15 Minuten auf dem Grill. Die fertig gegrillten Lachspäckchen vom Grill nehmen und auf den Teller legen. Den Kichererbsensalat oder eine andere Beilage dazugeben und die Päckchen noch etwas weiter öffnen.

© LAURA BRECHTEL

© LAURA BRECHTEL

DAUER CA. 15 MINUTEN / ZUTATEN FÜR 2–3 PERSONEN

Kichererbsen-Tomaten-Salat

2 EL natives Olivenöl extra
1 Dose Kichererbsen, 400 g abgespült und abgetropft
Salz und frisch gemahlener Pfeffer
2 TL gemahlener Kreuzkümmel (Cumin)
500 g Cocktailtomaten, geviertelt
1 kleine, rote Zwiebel, fein gehackt
1 Bund glatte Petersilie, klein gehackt

2 EL Olivenöl
1 EL Zitronensaft, frisch gepresst

Das Olivenöl in einer tiefen Pfanne auf mittlerer Stufe erhitzen und die Kichererbsen dazugeben und gleichmäßig in der Pfanne verteilen. Ohne umzurühren (!) anbraten, bis sie leicht braun sind (ca. 4 Minuten). Dann erst umrühren und mit Salz und Pfeffer würzen. Gleichmäßig in der Pfanne verteilen und nochmal 2 Minuten braten lassen, ohne umzurühren. Jetzt wieder umrühren und weiter braten, bis sie goldbraun werden und leichte Blasen werfen. Insgesamt dauert der gesamte Prozess ca. 7–8 Minuten. Wenn es zu heiß, wird platzen die Kichererbsen. Dann solltet ihr den Kocher für ein paar Minuten kleiner stellen, bevor ihr weitermacht. Nun die Pfanne vom Herd nehmen und den Kreuzkümmel dazugeben und gut vermischen. Als Nächstes in eine große Salatschüssel die Tomaten, die rote Zwiebel und die Petersilie geben. Dann das Olivenöl und den Zitronensaft darüber verteilen und gut umrühren. Nun die Kichererbsen dazugeben und wieder gut vermischen. Dann mit Salz und Pfeffer würzen (nach Belieben).

DER KICHERERBSEN-TOMATEN-SALAT EIGNET SICH AUCH GUT ZUR AUFBEWAHRUNG IN EINEM LUFTDICHT VERSCHLOSSENEN BEHÄLTER IM KÜHLSCHRANK UND KANN BIS 2 TAGE SPÄTER NOCH GUT GEGESSEN WERDEN.

Tag 9

FAHRT VON GEIRANGER NACH LILLEHAMMER

Für Sportliebhaber ist Lillehammer ein Muss, aber auch für Kulturinteressierte hat die Stadt einiges zu bieten. Ihr solltet auf keinen Fall das Freilichtmuseum oder die sehenswerte Altstadt verpassen!

Tagesablauf

Entfernung:
Geiranger–Trollstigen:
64 km (1,5 Stunden)
Trollstigen–Lillehammer:
270 km (3,5 Stunden)

Insgesamt:
330 km

Fahrtzeit:
5,5 Stunden

Besonderheiten:
Panoramastraße
Trollstigen
Fähre

Auch heute wird euch auf der Fahrt wieder ein landschaftliches Highlight erwarten: die berühmteste und meist fotografierte Straße Norwegens: die Trollstigen. Elf sogenannte Haarnadelkurven winden sich in steilen Serpentinen den Berg hinab und sind ein landschaftlich sowie fahrtechnisch einmaliges Erlebnis. Aber zuerst geht es morgens nach dem Frühstück von Geiranger los. Die heutige Etappe beträgt ca. 330 Kilometer, für die ihr etwa fünfeinhalb Stunden brauchen werdet. Wer bei den Trollstigen noch ein wenig fotografieren will, sollte etwas mehr Zeit einplanen. Da es mittags bei den Trollstigen jeweils überfüllt ist, solltet ihr etwas früher aufbrechen.

Ihr nehmt zunächst die Rv 63 aus Geiranger Richtung Norden und verlasst das Dorf über die Ørneveien, die sogenannte Adlerstraße. Auch hier führen euch elf Haarnadelkurven den Berg hoch, wo ihr noch einmal einen letzten Blick auf Geiranger werfen könnt. Weiter über die Rv 63 geht es bis

nach Eidsdal, wo ihr die Fähre nach Linge nehmen müsst. Diese fährt alle halbe Stunde und wer sie verpasst, kann im angrenzenden Coop-Geschäft noch seine Vorräte vervollständigen. Von Linge folgt ihr der Rv 63 nach Osten für weitere 40 Kilometer, bis ihr am obersten Punkt der Trollstigen das futuristische Besucherzentrum und die Aussichtsplattform erreicht. Von hier aus habt ihr einen endlosen Blick über das Rondane-Tal und die elf engen Kurven. Von dort aus habt ihr einen tolle Aussicht und es macht Spaß, zu beobachten, wie sich die Autos und Camper wie kleine Miniaturfahrzeuge die Straße hinauf- oder hinabschlängeln.

Nachdem ihr euch genug Zeit genommen habt, die Aussicht von oben zu genießen, geht es los. Auch ihr fahrt nun die Trollstigen hinab. Genießt die Fahrt und keine Angst vor entgegenkommendem Verkehr! Folgt danach der Rv 63 weiter für 10 Kilometer bis zur Kreuzung mit der E 136. Dieser Straße folgt ihr in östliche Richtung bis nach Lillehammer. Die restliche Strecke sind noch einmal ungefähr 330 Kilometer, die jedoch relativ einfach und entspannt zu fahren sind. Gegen Nachmittag werdet ihr dann in Lillehammer ankommen. In Lillehammer könnt ihr entweder die Zeit auf den Campingplätzen am Wasser nutzen, um zu entspannen, oder ihr entdeckt noch ein bisschen die kleine Stadt mit ihrer gemütlichen Fußgängerzone. Wer Lust auf Kultur hat, kann sich eines der vielen spannenden Museen in Lillehammer ansehen.

© UNSPLASH

URLAUB MIT OLYMPIA-FEELING

– Lillehammer –

Lillehammer liegt im Herzen Norwegens und ist ein idealer Ausgangspunkt für alle, die Wintersport, aber auch Abenteuer in der freien Natur lieben. Vor den Toren der Stadt befinden sich gleich mehrere Nationalparks, unter anderem Rondane, Jotunheimen und Langsua, die von Lillehammer einfach zu erreichen sind.

Rund um die Region Lillehammer erstrecken sich hohe Berge und werden zu flachen, bewaldeten Kulturlandschaften. Hier kann man viele Abenteuer erleben und Outdooraktivitäten unternehmen. Die Möglichkeiten zum Wandern, Radfahren, Skifahren oder Reiten sind grenzenlos. Der Ort Lillehammer selbst ist eine Kleinstadt im Süden Norwegens. Die Stadt befindet sich am Ufer des Mjøsa-Sees, wobei der Großteil der Stadt am Ostufer liegt. Weltbekannt ist die Stadt seit der Austragung der Olympischen Winterspiele 1994. Doch nicht nur der Sport spielt eine große Rolle in Lillehammer, auch die Kultur kommt nicht zu kurz. Sehenswert sind vor allem viele der aus dem 18. Jahrhundert stammenden Holzhäuser in der Fußgängerzone sowie im nahen Freilichtmuseum. Auch Kunst hat in Lillehammer einen besonderen Stellenwert, denn die kleine Stadt ist für seine Kunstszene bekannt. Hier gibt es eine lebendige Künstlergemeinschaft, die kreativ arbeitet und ihre Kunstwerke ausstellt und verkauft. In vielen kleinen Galerien, aber auch im Kunstmuseum könnt ihr die Kunstszene erfahren. Die Einkaufszone von Lillehammer mit seiner preisgekrönten „Storgata“ ist weit über die Landesteile Norwegens hinaus bekannt. Hier stehen etliche bunte, denkmalgeschützte Holzhäuser mit schicken Hinterhöfen, die mit einer ganzen Reihe an besonderen Geschäften das Einkaufen zu einem eindrücklichen Shoppingerlebnis machen. Das Zentrum des kleinen Lillehammer könnt ihr leicht zu Fuß erkunden. Vom zentralen Platz am Bahnhof sind es nur zwei Straßenecken bis zur Storgata, der zentralen Fußgängerzone im Herzen der Stadt.

Campingplätze

PREISE
Camper/Caravan mit 4 Personen und Strom ab 309 NOK
weitere Person 40 NOK

ADRESSE
Dampsagvegen 47
2609 Lillehammer
Norwegen

LILLEHAMMER CAMPING

Der Campingplatz Lillehammer liegt direkt am schönen Mjøsa-See, nicht weit vom historischen Stadtzentrum und dem Freilichtmuseum Maihaugen entfernt. Der Campingplatz bietet großzügige Stellplätze mit Stromanschluss und direktem Blick auf den See. Der Campingplatz hat eine eigene Badestelle mit Bootsanlegestelle und anderen möglichen Freizeitaktivitäten. Moderne Sanitäranlagen sowie Koch- und Waschmöglichkeiten runden das Angebot des Campingplatzes ab. Der Campingplatz ist ein sehr guter Ausgangspunkt für Erlebnisse in Lillehammer und dem ehemaligen Olympiagebiet.

© UNSPLASH

LILLEHAMMER TURISTSENTER BUDGET HOTEL & CAMPING

PREISE
Camper/Caravan bis 4 Personen ab 280 NOK
weitere Person 40 NOK
Kinder 25 NOK
Strom 50 NOK

ADRESSE
Sandheimsbakken 20
2605 Lillehammer
Norwegen

Beim Lillehammer Turistsenter befindet sich ein moderner Campingplatz in der Nähe der Innenstadt und des Mjøsa-Sees. Der Platz ist eher zweckmäßig, aber dafür bietet sich ein sehr schöner Panoramablick auf den Mjøsa-See und den Fluss Lågen. An beiden Gewässern bestehen sehr gute Angel- sowie auch Bademöglichkeiten. Das separat gelegene Wasch- und Toilettenhaus ist sehr großzügig angelegt und modernisiert. Bei der Rezeption befindet sich ein kleiner Laden, in dem Lebensmittel und morgens frische Brötchen verkauft werden.

Geöffnet von April bis August
ADAC-Camping: 10 Prozent Rabatt
WLAN, Waschmöglichkeiten, Angeln, Laden

Sehenswürdigkeiten

LILLEHAMMER SENTRUM

Das Zentrum von Lillehammer besteht hauptsächlich aus der Fußgängerzone, der „Storgata“. Die niedliche Straße mit ihren farbenfrohen Holzhäusern, kleinen Boutiquen und netten Cafés lädt zum entspannten Shoppingbummel und zu gemütlichen Cafépausen ein.

LILLEHAMMER FABRIKKEN AS

Wer gerne noch außergewöhnlicher shoppt, kann in der Fabrikken AS Künstlern, Musikern, Fotografen, Goldschmieden, Keramikern und anderen beim Arbeiten über die Schulter schauen und gleichzeitig einzigartige Produkte erwerben. Dieses kreative Gewerbecenter befindet sich in einer ehemaligen Möbelfabrik und die großen, loftähnlichen Räume dienen heute den Künstlern als Ateliers und Ausstellungsräume. Hier findet ihr verschiedene Produkte und Dienstleistungen aus den Bereichen Kunst, Handwerk, Kommunikation und Erlebnisse. Nicht ganz günstig, aber dafür sind hier meist handgemachte Unikate zu bekommen.

Adresse: Løkkegata 9, Lillehammer

LILLEHAMMER KUNSTMUSEUM

Das Museum ist eines der führenden norwegischen Kunstmuseen mit einer Sammlung von über 1.500 Werken vom 19. Jahrhundert bis zur Gegenwartskunst. Auch das Museumsgebäude selbst ist schon einen Besuch wert, denn die Architektur spielt mit den Elementen Wasser und Holz, die es in seine Fassade mit einbaut. Neben einem sehr schönen Shop mit Kunstbänden und Kunsthandwerksartikeln gibt es noch ein gemütliches Café mit großer Auswahl an frischen Backwaren und leichten Mittagsmahlzeiten.

Stortorget 2, Lillehammer
Eintritt: Erwachsene 100 NOK
Ermäßigt 70 NOK

DAS OLYMPISCHE MUSEUM

Ein besonderes Highlight für Sportliebhaber ist das Norwegische Olympische Museum. Das 2016 komplett modernisierte Museum ist eine Hommage an den Sport, die Leistungen, die olympische Idee und an die großen Feste der Winterspiele von 1952 und 1994. Das Museum nimmt auf eine Zeitreise von der Antike bis zu den modernen Olympischen Spielen mit. Durch interaktive Installationen, multimediale Präsentationen und Geschichten, die mit Originalstücken verknüpft werden, könnt ihr eintauchen in die Welt von Olympia.

Maihaugvegen 1, Lillehammer
Eintritt: Erwachsene 135 NOK
Kinder 65 NOK

MAIHAUGEN FREILICHTMUSEUM

Ein besonders schönes Museum ist das Freilichtmuseum Maihaugen. Hier fühlt ihr euch auf eine Reise in die Zeit vor 100 Jahren geschickt. In diesem Freilichtmuseum sind alte Gehöfte, Bauernhöfe, Kirchen, aber auch Apotheken oder Wohnhäuser aus dem 18. Jahrhundert erhalten und restauriert. Und das Tolle ist: Die Häuser sind nicht nur äußerlich erhalten, denn sie werden von ihren Bewohnern zum Leben erweckt. Ihr könnt euch hier zum Beispiel vom Bauern die Tiere zeigen lassen, beim Apotheker traditionelle Halsdrops kaufen oder beim Bäcker frisches Brot probieren.

Maihaugvegen 1, Lillehammer
Eintritt: ab 175 NOK / 135 NOK
Haupt-/Nebensaison
Öffnungszeiten: 10–17 Uhr Sommer,
11–16 Uhr Winter

Aktivitäten

ELCHSAFARI IN GAUSDAL

In der Nähe von Lillehammer könnt ihr im Sommer im Langsua Nationalpark auf eine ganz besondere Safari gehen. In den hellen norwegischen Sommernächten kann man nämlich besonders gut den „König der Wälder", den Elch, beobachten. Zusammen mit einem Ranger geht ihr auf eine richtige Safari und versucht, Elche in ihrem Lebensraum zu finden. Richtig abenteuerlich wird es, wenn auf einmal ein großer Bulle oder ein Weibchen mit Jungtier euren Weg kreuzen. Die Safari findet mit speziellen Fahrzeugen statt und ist für alle geeignet. Aus dem Auto könnt ihr die Elche aus angemessener Entfernung fotografieren und beobachten, wie die Tiere sich verhalten. Zusätzlich zum Transport gibt es einen kleinen Snack sowie Tee und Kaffee. Fernglas und Fotoausrüstung nicht vergessen! Und achtet darauf, dass ihr eine warme Jacke und festes Schuhwerk dabeihabt, denn nachts kann es doch kühl werden.

Öffnungszeiten:
15. Juni bis 20. Juli, täglich 20.00–24.00 Uhr
20. Juli bis 15. August, täglich 19.00–23.00 Uhr
Preise: 500 NOK pro Person
Buchbar unter: www.discovernaturenorway.eu

Restaurants

NIKKERS

Gemütliches Lokal im Zentrum von Lillehammer direkt in der Fußgängerzone. Eine große Terrasse auf der Rückseite des Restaurants direkt über einem kleinen Fluss bietet sich für einen entspannten Nachmittagssnack gut an. In dem schicken Laden mit einer wirklich sehenswerten Inneneinrichtung verkehrt bunt durchmischtes Publikum und es gibt gutes Bier und leckere Elchburger.

Adresse: Elvegata 18, Lillehammer
Preise: €€

LILLEHAMMER BRYGGERI

Bis 1983 gab es hier schon eine Brauerei, die zunächst geschlossen und dank der Bemühungen vieler Bürger 2006 wiedereröffnet wurde. Heute ist die Brauerei eher wie eine der vielen unabhängigen Mikrobrauereien. Hier werden in uriger Atmosphäre herzhafte Speiseangebote mit norwegischem Einfluss und mehrere Sorten selbst gebrautes Bier serviert. Am Wochenende spielen hier häufig Bands Livemusik.

Adresse: Elvegata 19, Lillehammer
Preise: €

HEIM GASTROPUB

Der Gastropub ist ein nettes Lokal mitten in der Einkaufsmeile mit gemütlichen Bänken und Holztischen in industriell-stylischem Dekor. Hier gibt es herzhafte Snacks und schmackhafte Käse- und Wurstplatten zu angemessenen Preisen. Hauptsächlich jüngeres Publikum lässt sich hier die schön angerichteten Speisen und leckeren Drinks schmecken.

Adresse: Storgata 84, Lillehammer
Preise: €€

DAUER CA. 15 MINUTEN / ZUTATEN FÜR 2–3 PERSONEN

SCHNELLES Surfer-Chili

Zugegeben, Surfer gibt es in Lillehammer eher weniger. Dafür aber viele Wintersportler, wie Skifahrer und Snowboarder, und von denen haben wir uns zu einem schnellen Campergericht inspirieren lassen. Das Chili füllt hungrige Mägen nach der langen Autofahrt an diesem Tag. Viele der Zutaten könnt ihr aus Deutschland mitnehmen und so den hohen norwegischen Preisen ausweichen.

1 Dose (425 ml) Kidneybohnen
1 Dose (425 ml) Mais
1 Zwiebel
1 Knoblauchzehe
1–2 rote Chilischoten
250 g Kabanossi oder andere Wurst
2 EL Olivenöl
1–2 EL Tomatenmark
1 Dose (à 500 g) stückige Tomaten
Salz
Pfeffer
Zucker
Edelsüßpaprika
2–3 EL geröstete gesalzene Erdnüsse (Dose)
1 kleines Bund Petersilie

Die Bohnen und den Mais in ein Sieb geben, kurz abspülen und abtropfen lassen. Dann Zwiebel und Knoblauch schälen und fein würfeln. Die Chilischoten putzen, längs einschneiden, entkernen, waschen und in feine Ringe schneiden. Die Haut von der Wurst entfernen und die Wurst in Scheiben schneiden. Nun müsst ihr das Öl im Topf erhitzen und Zwiebel, Knoblauch und Chili darin andünsten. Jetzt die Wurst zugeben und das Tomatenmark unterrühren und kurz anschwitzen. Dann mit den Tomaten ablöschen. Das Ganze aufkochen und 3–4 Minuten köcheln lassen. Mit Salz, Pfeffer, einer Prise Zucker und Paprika würzen. Inzwischen Nüsse grob hacken. Petersilie waschen, trocken schütteln und Blättchen hacken. Mit den Nüssen mischen. Jetzt die Bohnen und den Mais zum Chili geben und aufkochen. Mit Salz und Pfeffer abschmecken. Mit dem Nuss-Petersilien-Mix bestreuen und servieren. Dazu schmeckt Baguette.

© LAURA BRECHTEL

Tag 10 und 11

FAHRT VON LILLEHAMMER NACH OSLO

In der Hauptstadt Norwegens erwarten euch moderne skandinavische Architektur, das Schloss der Königsfamilie, aber auch ein quirliges Künstlerviertel und natürlich grandiose Museen, wie die Nationalgalerie mit Werken Edvard Munchs.

Tagesablauf

Entfernung:
190 km

Fahrzeit:
2 Stunden

Besonderheiten:
Maut

Nachdem ihr nun die beeindruckenden Fjorde und Berglandschaften Norwegens kennengelernt habt, geht es weiter ins Landesinnere, wo noch ein weiteres Highlight auf euch wartet: die Hauptstadt Oslo. Eine Tour durch Norwegen wäre auch nicht komplett, wenn man diese skandinavisch coole, aber gleichzeitig gemütliche Stadt weglassen würde.

Deshalb geht es heute auf die Fahrt von Lillehammer nach Oslo. Die Strecke beträgt knapp 190 Kilometer und ihr solltet dafür etwas mehr als zwei Stunden einplanen. Nachdem ihr gemütlich gefrühstückt habt, geht es los. Verlasst Lillehammer Richtung Westen und fahrt über die Brücke auf die westliche Seite des Sees. Dort folgt ihr der E6 Richtung Süden immer weiter für die restliche Strecke von 180 Kilometern bis nach Oslo. Auf der Strecke gibt es einen Abschnitt mit Mautgebühr, den ihr leider nicht umgehen könnt.

In Oslo angekommen, könnt ihr euer Gefährt auf dem Wohnmobilstellplatz an der Marina oder auf dem idyllischen Campingplatz in Bogstadt unterbringen. Am Nachmittag könnt ihr mit den öffentlichen Verkehrsmitteln oder mit dem Rad in die Innenstadt fahren und einen ersten Bummel durch das interessante und abwechslungsreiche Oslo machen. Entdeckt die Fußgängerzone, die Karl Johans Gate, die imposante Oper oder das königliche Schloss.

Am nächsten Tag ist es Zeit für ein paar Ausflüge oder Aktivitäten! Wie wäre es zum Beispiel mit einer kostenlosen Stadtführung oder Inselhopping mit einem Boot durch den Oslofjord? Oder ihr fahrt mit dem Ausflugsdampfer hinaus auf die Insel Hovedøya zum Baden. Kulinarisch Interessierte sollten sich auf keinen Fall die Markthalle entgehen lassen, wo es eine Vielzahl an leckeren und abwechslungsreichen Köstlichkeiten zu probieren gibt.

© DIDRICK STENERSEN – VISIT OSLO

DFDS

METROPOLE MIT WALD UND FJORD

– Oslo –

Zwischen tiefen Wäldern und dem Oslofjord liegt Oslo: Hauptstadt und größte Stadt Norwegens mit pulsierendem Treiben und einzigartigem Mix aus Naturerfahrung und City-Leben. Das Klima in Oslo ist milder, als man angesichts des Breitengrads, auf dem die Stadt liegt, annehmen könnte. Die Sommermonate sind oft angenehm warm und die Temperaturen ähnlich wie in Orten, die sehr viel weiter südlich liegen. Die Winter dagegen sind kalt genug für Schnee und Spaß auf den Skipisten.

Im Oslofjord gibt es rund 40 Inseln. Dank der vielen Wälder und Parks, die sich über mehr als die Hälfte des Stadtgebiets erstrecken, ist Oslo im wahrsten Sinne des Wortes eine grüne Stadt.

Seit 1814 ist Oslo die Hauptstadt von Norwegen. Zu dieser Zeit erlangte das Land seine Unabhängigkeit von Dänemark. Die internationale City gehört zu den am schnellsten wachsenden Hauptstädten Europas und beherbergt die größte Universität Norwegens.

In Oslo findet ihr wichtige kulturelle Institutionen wie die Nationalmuseen, das Nationaltheater und das Nobel Friedenscenter. Das Norwegische Opern- und Balletthaus präsentiert sich im brandneuen, markanten Gebäude am Oslofjord, einen kurzen Fußweg vom zentral gelegenen Bahnhof entfernt. Einen Spaziergang auf dem Dach und den damit verbundenen Blick über Oslo und den Fjord solltet ihr auf keinen Fall verpassen.

Campingplätze

Die Hauptstadt Norwegens ist generell etwas schwieriger für Wohnmobile und Wohnwägen. Es gibt nur ein paar wenige Campingplätze und fast kaum offizielle Stellplätze in Oslo. Größere Parkplätze, auf denen man umsonst stehen kann, gibt es zwar auch in der Innenstadt, aber dort sind natürlich weder sanitäre Anlagen noch die Sicherheit eines überwachten Platzes gegeben.

SJØLYST MARINA WOHNMOBILSTELLPLÄTZE

PREISE
300 NOK
für 24 Stunden
inkl. Strom

ADRESSE
0277 Oslo
Norwegen

Sjølyst Marina ist der einzige Wohnmobilstellplatz in Oslo und liegt an der Marina des Hafens Bygdøy etwas außerhalb des Zentrums. Der Stellplatz liegt umrahmt von einem kleinen Wäldchen und dem Hafen gleich am Wasser. Dort könnt ihr schön Grillen oder einen kleinen Spaziergang im Wäldchen von Bygdøy machen.

Der Sjølyst Stellplatz hat 250 Plätze mit Ent- und Versorgung und Strom. Zum Platz gehören auch die Sanitäranlagen der Marina und kostenloses WLAN. Am Wasser gibt es eingebaute Grills und Sitzbänke. Der Platz ist von 23.00 bis 7.00 Uhr mit einem Schlagbaum geschlossen. In unmittelbarer Nähe findet ihr die Anbindung zu den öffentliche Verkehrsmitteln, wie Straßenbahnen, Bussen oder Zügen, die euch schnell ins Stadtzentrum bringen. Aber auch mit dem Fahrrad kann man einen schönen Radweg am Oslofjord entlang nehmen und ist in zehn Minuten in der Innenstadt.

Öffnungszeiten: 1. Juni bis 15. September

BOGSTADT CAMPING

PREISE
Camper
mit 4 Personen
285 NOK

Wohnwagen
mit 4 Personen
290/330 NOK

ADRESSE
Ankerveien 117
0766 Oslo
Norwegen

Der Bogstadt Campingplatz liegt etwa neun Kilometer vom Zentrum Oslos entfernt mitten im Grünen, im Naherholungsgebiet Bogstadt. Der Platz ist mit knapp 180.000 m² der größte Campingplatz Norwegens und liegt direkt am gleichnamigen See, umgeben von einem schönen Wandergebiet und idyllischen Bademöglichkeiten.

Der Platz bietet über 800 Einheiten, davon mehr als 300 Caravanplätze mit Stromanschluss. Die sanitären Anlagen sind modern und großzügig, es gibt einen kleinen Supermarkt sowie eine Cafeteria und eine benachbarte Tankstelle. Mit den öffentlichen Verkehrsmitteln ist man schnell vom entspannten Campingplatz im Trubel von Oslo.

OPERAEN

Sehenswürdigkeiten

DIE OPER

Die moderne Oper mit ihren eckigen, weißen Fassaden ist das neue Wahrzeichen von Oslo. Das imposante Gebäude scheint, als würde es sich direkt aus dem Wasser am Hafen erheben, denn die Architekten ließen sich bei der Gestaltung von der norwegischen Natur inspirieren. Das ganze Jahr über kann man das Dach besteigen und den Panoramablick über die Stadt und den Fjord genießen. Auf der einen Seite der Oper könnt ihr die Fjordlandschaft mit ihren kleinen, traditionellen, bunten Holzhäuschen entdecken. Auf der anderen Seite liegt euch dann das pulsierende Stadtleben der Hauptstadt zu Füßen.

Aber nicht nur von außen ist die Oper ein Highlight, denn von innen besteht das Gebäude fast komplett aus Eichenholz und der große Saal hat die Form eines Hufeisens. Hier gibt es das ganze Jahr über eine große Auswahl an Vorführungen im Freien, Konzerten und anderen Veranstaltungen. Nicht verpassen!

Kirsten Flagstads Plass 1, Oslo

© NANCY BUNDT - VISIT NORWAY

DAS MUNCH-MUSEUM

Edvard Munch und Oslo, das gehört einfach zusammen! Der skandinavische Maler war einer der Vorreiter des Expressionismus und hat diesen in besonderen Maßen geprägt. Die Sammlung des Museums besteht aus dem Vermächtnis des Künstlers an Oslo: eine große Anzahl an Gemälden, Grafiken und Zeichnungen. Höhepunkt des Museums ist Munchs berühmtestes Gemälde: Der Schrei. Wechselnde Ausstellungen zeigen die Vielseitigkeit von Munchs Schaffen. Zum Museum gehören noch ein gemütliches Café und ein gut sortierter Museumsladen.

Eintritt: Erwachsene 120 NOK
Kinder frei
Studenten/Rentner 60 NOK

Weitere lohnenswerte Museen in Oslo sind das Fram Polarschiffmuseum, wo das größte und stärkste Polarschiff der Welt ausgestellt wird. Oder das Wikingerschiffmuseum – hier werden sehr gut bewahrte Wikingerschiffe aus dem 9. Jahrhundert gezeigt.

KARL JOHANS GATE

Die Karl Johans Gate ist die Hauptstraße und Fußgängerzone Oslos. Hier finden sich viele Bars und Cafés, aber auch viele Geschäfte, Einkaufscenter und Hotels für jeden Geschmack. Wer Lust (und den richtigen Geldbeutel) für Shoppingtrips hat, wird hier glücklich werden. Aber auch ein kleiner Bummel in der Karl Johans Gate sehr empfehlenswert.

DAS KÖNIGLICHE SCHLOSS

Wer genug vom Trubel der Innenstadt hat, kann einen schönen Spaziergang zum Schloss machen. Das Schloss liegt auf einer kleinen Anhöhe inmitten eines Parks und ist in der Gestaltung eher zurückhaltend. Das passt zum Bild der norwegischen Royals, die sich sehr volksnah und authentisch geben. Das Schloss ist im Sommer von Ende Juni bis Mitte August für Besucher geöffnet. Ganzjährig findet jeden Tag die Wachablösung um 13.30 Uhr statt.

VULKAN KÜNSTLERVIERTEL

Am ehemals industriereichen Ufer des Flusses Akerselva ist eins der interessantesten neuen Stadtentwicklungsprojekte Oslos zum Leben erwacht. Innovative und umweltfreundliche Architektur prägen das Stadtviertel, das eine Vielzahl von unterschiedlichen Menschen und Unternehmen an einem Ort vereint. Hier findet man die neue Markthalle, Veranstaltungsorte, ausgefallene Restaurants und zwei modern gestaltete Bienenstöcke.

© TORD BAKLUND - VISIT OSLO

Aktivitäten

FREE WALKING TOURS

Die kostenlosen Stadtführungen starten von Freitag bis Sonntag jeweils um 10 Uhr morgens und im Sommer auch noch einmal um 16 Uhr. Die kompetenten Führer zeigen euch in eineinhalb Stunden die wichtigsten Sehenswürdigkeiten in Oslo und häufig auch ihre eigenen Geheimtipps. So könnt ihr noch Ecken entdecken, die ihr noch nicht auf dem Radar hattet. Die Tourpreise basieren auf Trinkgeld, das heißt ihr gebt am Ende der Tour einfach den Stadtführern den Betrag, den ihr für die Tour angemessen findet.

INSELHOPPING DURCH DEN OSLOFJORD

An eurem zweiten Tag in Oslo könnt ihr auch eine Fahrt mit einer der öffentlichen Fähren machen und auf dem Wasser den Oslofjord und seine vielen Inseln erleben. Mit einem normalen Fahrschein für die öffentlichen Verkehrsmittel oder dem Oslo Pass könnt ihr alle Fährschiffe benutzen, die zwischen Rådhusbrygge 4, Hovedøya, Lindøya, Nakholmen, Bleikøya, Gressholmen und Langøyene verkehren. Die Inseln zählen zu den beliebtesten Badeplätzen im Sommer, wobei jede Insel ihre eigene Geschichte und Einmaligkeit hat.

AUSFLUG ZUR INSEL HOVEDØYA

Wer noch ein bisschen weiter fahren möchte, kann auch einen Ausflug zur Insel Hovedøya machen. Die kleine Insel liegt außerhalb des Osloer Stadtzentrums und hat ein hübsches Wäldchen und eine Vielzahl an Badeplätzen und Kulturdenkmälern.

Ihr gelangt von der Anlegestelle „Rådhusbrygge 4“ mit den Schiffen nach Hovedøya. Mit der Linie B1/B2/B4 könnt ihr in fünf Minuten direkt zur Insel Hovedøya gelangen, während ihr mit der Linie B3 erst eine kleine Rundfahrt zwischen den Inseln macht, bevor ihr dann am Ende in Hovedøya ankommt. In der Bucht an der Ostseite der Insel befindet sich ein kleiner Gästehafen. Von dort aus ist es ein kleines Stück bis zu den besten Bademöglichkeiten, die es auf der Westseite der Insel gibt. Mittendrin gibt es eine große Wiese für Ballspiele und andere Aktivitäten. Auch Spaziergänge über die Insel, die zu großen Teilen aus einem Naturschutzgebiet besteht, sind sehr zu empfehlen.

BADESTELLEN

BOGSTAD SEE

Wer den Campingplatz in Bogstad gewählt hat, hat einen der schönsten Badeseen der Umgebung direkt vor der Campertür. Doch es gibt nicht nur direkt am Campingplatz eine Badestelle, sondern rund um den See sind etliche kleine Strände und Badebuchten verteilt. Wer von euch findet die schönste?

BYGDØY

Die Halbinsel Bygdøy ist quasi der Privatstrand der Osloer. Hier treffen sich im Sommer die sonnenhungrigen Hauptstädter zum Baden, Picknicken, Volleyballspielen oder Fahrradfahren. Neben einer Vielzahl an Badestellen gibt es auch schöne Wanderwege, die die Halbinsel zu einem beliebten Ausflugsziel machen. Besonderes Highlight: das Strandrestaurant Huk direkt am Wasser.

CAFE ★ AM
anno 1993

© TORD BAKLUND - VISIT OSLO

Restaurants

MATHALLEN – ZENTRUM NORWEGISCHER ESSKULTUR

Schleckermäuler sollten einen Besuch in der Markthalle auf keinen Fall verpassen! Die moderne Markthalle verbindet das typisch lebhafte und geschäftige Gefühl europäischer Markthallen mit dem modernen skandinavischen Design. In der Halle gibt es etliche Restaurants, Cafés, Gemüsehändler, Gaststätten, Bäckereien und Konditoreien. Traditionelle Anbieter von lokalen Produkten wie Fleisch, Käse, Meeresfrüchte und vielen weiteren leckeren Speisen haben ihre Stände in der Mitte der Halle aufgestellt und locken Genießer von nah und fern an. Hier könnt ihr auch viele der köstlichen Spezialitäten probieren, die Norwegen zu bieten hat!

Adresse: Vulkan 5, Oslo

Preise: €€

UNSER TIPP

DIE FISCHER AM KAI BEIM RATHAUS

Kauft euch direkt am Hafen vorm Rathaus frisch gefangene, zubereitete Garnelen und macht es euch auf einer der zahlreichen Bänke um den riesigen Platz vorm Rathaus gemütlich. Ein Pläuschchen mit den Fischern, die in aller Frühe mit ihren Booten eintreffen, hat hier – im Zentrum der Hauptstadt der Fjorde – Tradition!

Adresse: Rådhusbrygge 1, Oslo

Preise: €

GRAND CAFÉ

Das traditionsreiche Restaurant ist seit der Zeit des berühmten Dichters Henrik Ibsen einer der beliebtesten Treffpunkte der Stadt und war in den 1880er Jahren das „Wohnzimmer“ der Künstler in Oslo. Heute ist das Grand Café ein betriebsamer und beliebter Ort für den Mittagssnack sowie ein gemütliches Restaurant am Abend. Abends gibt es ein vielseitiges und schmackhaftes Essen mit saisonalen Zutaten.

Adresse: Herbernveien 1, Oslo

Preise: €€

LILLE HERBER'N

Dieses wirklich zauberhafte Restaurant liegt auf einer winzigen Insel im Oslofjord in der Nähe der Halbinsel Bygdøy. Schon seit 1929 wird in diesem Gebäude Essen serviert. Früher kehrten hier vor allem Schiffsmannschaften ein, die darauf warteten, im Osloer Hafen ab- und aufzuladen. Auf der hochgelobten Speisekarte findet ihr vor allem frische Meeresfrüchte und norwegische Spezialitäten.

Adresse: Herbernveien 1, Oslo

Preise: €€

© PIXABAY

DAUER CA. 20 MINUTEN / ZUTATEN FÜR 4 PERSONEN

One-Pot-Pasta

MIT TOMATEN UND MOZARELLA

1 Zwiebel
2 Knoblauchzehen
2 EL Olivenöl
3 EL Tomatenmark
1 EL getrocknete italienische Kräuter
1 EL Balsamico-Essig
400 g Cocktailtomaten
250 g kurze Nudeln (z.B. Penne)
Salz
Pfeffer
Zucker
1 Bund Basilikum
1 Packung Mini-Mozzarellakugeln

Als Erstes müsst ihr die Zwiebel und den Knoblauch schälen und fein würfeln. Öl in einem großen Topf erhitzen und beides darin andünsten. Dann Tomatenmark und italienische Kräuter kurz mitdünsten und mit Balsamico-Essig ablöschen. Tomaten und 500 ml Wasser zugießen und dann die Nudeln hineingeben. Mit Salz, Pfeffer und ½–1 TL Zucker würzen. Aufkochen und ca. 10 Minuten bei mittlerer Hitze köcheln. Zwischendurch mehrmals umrühren, damit die Nudeln nicht am Topfboden festkleben. Zwischendurch einmal probieren, damit die Nudeln nicht zu weich werden.

Jetzt müsst ihr das Basilikum waschen, trocken schütteln, kleiner zupfen. Zusammen mit dem Mozzarella locker unter die Nudeln heben, nochmals abschmecken, anrichten. Sofort servieren, da die Nudeln in der Sauce nachziehen und schnell zu weich werden!

© LAURA BRECHTEL

+ BLOGGERINTERVIEW +

Yvonne Rundio

+ SOMEWHEREELSE.DE +

1 Warum sollten Camperreisende nach Oslo kommen?

Oslo ist eine Stadt am Meer gelegen, mit Blick auf den Fjord und von Wäldern umgeben. In die Natur mit ihren Seen und Wanderwegen ist es nicht weit. Auch in der Stadt gibt es unglaublich viel Grün und den Fluss Akerselva, der die Stadt teilt und in den Oslofjord mündet. Am Ufer des Fjords befindet sich die Oper vom norwegischen Architektenbüro Snøhetta. Das Gebäude ist imposant, weiß und eckig wie eine Eisscholle und mit einem begehbaren Dach versehen, von dem aus du einen guten Ausblick auf den Fjord hast. Davor treibt im Wasser eine kleine künstliche Eisscholle. Vor der Stadt befinden sich an die 40 Inseln, von denen im Sommer die meisten zum Baden und Campen einladen. Kulturell hat Oslo neben den Museen auch einiges zu bieten. Im Rathaus von Oslo wird jedes Jahr der Friedensnobelpreis verliehen. Das Kulturstadtviertel Vulkan ist ein ehemaliges Industriegelände und neues Stadtentwicklungsprojekt mit innovativer umweltfreundlicher Architektur mit Street Art, alten Fabrikhallen, Cafés, Restaurants, Bars und Hotels, Wohnungen und Bürogebäuden. Am Youngstorget befindet sich das Kulturhuset, ein Ort für, wie der Name schon sagt, kulturelle Veranstaltungen. Hier kannst du wunderbar Zeit im Café bzw. in der Bar verbringen, das bunt gemischte Publikum beobachten und schöner Musik lauschen. Oslo – eine Stadt voller Natur, urbanem und kulturellem Leben.

❷ Welche Geheimtipps hast du für Oslo?

Ein Spaziergang am Akerselva entlang führt dich in den Stadtteil Grünerløkka. Der ist sicher kein Geheimtipp mehr, aber in dem ehemaligen Arbeiterviertel triffst du auf alte Häuser, kleine Läden mit Kunst, Design und auch ein paar nette Cafés. Doch der so durchdacht eingerichtete kleine französische Interior-Vintage-Laden Fransk Bazarfranskbazar.no hat es mir besonders angetan und birgt bestimmt den ein oder anderen kleinen Schatz für dich. Fast schon zu hübsch, um eines der Objekte von seinem Platz zu nehmen. Wenn die Füße dich nicht mehr tragen können, bietet es sich an, mit der Straßenbahnlinie 19 hinaus aus der Stadt, am Fjord entlang, den Berg hinauf durch Oslos Vororte und wieder zurück in den Stadtteil Uranienborg mit seinen Altbauhäusern, schönen Fassaden und gusseisernen Zäunen zu fahren. Einfach den Ausblick genießen und die Stadt auf dich wirken lassen. Oder wie wäre es damit, die Aussicht über die Stadt vom Holmenkollen, der Skisprungschanze, zu bewundern? Und nimm dir eine Decke mit, mach es dir gemütlich und lies einen von Jo Nesbøs Fällen mit Hauptkommissar Harry Hole. Die dunkle Seite von Skandinavien lässt grüßen.

❸ Was sind deine kulinarischen Tipps für Oslo?

Auch kulinarisch kommst du in Oslo auf deine Kosten und kannst sowohl norwegische als auch internationale Leckereien entdecken. Auf dem Vulkangelände befinden sich die Mathallen. Das ist eine schicke, überdachte Markthalle mit feinen regionalen Speisen, wie Fisch, Brot, Kaffee, Kuchen, Obst, Gemüse und vielem mehr. Hier kannst du dich wunderbar treiben lassen und hier und da norwegische Spezialitäten kosten. Auf dem Gelände befinden sich auch die Hendrix Ibsen Cafébar mit Plattenladen und nebenan das Café La Crêpe d'Elen. Auf der Karte stehen Crêpes nach Originalrezepten aus der Bretagne, eine große Auswahl in Herzhaft oder Süß. Besonders hübsch: Die Tische sind statt mit Stühlen von Schaukeln umgeben. Im Stadtteil Grünerløkka gibt es eines der Kaffebrenneriet, kaffebrenneriet.no, eine Coffee-Shop-Kette. Viel Holz, Familien mit Kindern, leckeres Gebäck, belegte Brote, Tee und Kaffee in norwegischer Gemütlichkeit. Hier kannst du Kanelsnurrer essen, die norwegischen Zimtschnecken. Auch lecker und ein Muss für alle Zimtfans, das Zimtknäckebrot aus dem Supermarkt. Bist du im Viertel Grønland unterwegs, riecht es an fast jeder Ecke lecker nach indischem Essen. Das indische Restaurant Punjab Tandoori, www.punjabtandoori.no, ist zwar mehr ein Imbiss, dafür immer gut besucht und das Essen ist wirklich sehr lecker und recht preiswert für Osloer Verhältnisse.

Über Yvonne Rundio

Yvonne ist Kommunikationsdesignerin und Bloggerin. Über ihre Reisen ans Meer und zu den Kochtöpfen dieser Welt schreibt sie auf SOMEWHERE ELSE, somewhereelse.de. Die skandinavische Natur und das Design haben es ihr angetan. Sie hat ein halbes Jahr in Stockholm gelebt, war außerdem in Helsinki und Kopenhagen und kann eine Schlittenhundetour in Mittelschweden zu ihren ganz besonderen Erlebnissen zählen.

FINNHAMN

WILLKOMMEN IN

Schweden

VÄLKOMMEN

Tag 12 und 13

FAHRT VON OSLO NACH GÖTEBORG

In Göteborg gibt es für Jung und Alt viel zu entdecken. Ein ganz besonderes Highlight ist der Liseberg-Freizeitpark, aber auch der traditionelle Fischmarkt oder das schöne Haka-Viertel sind sehr sehenswert. Ein absolutes Muss ist eine original schwedische Fika!

Tagesablauf

Entfernung:
300 km

Fahrzeit:
3 Stunden

Besonderheiten:
Maut

Nachdem ihr nun einige tolle Tage in Norwegen hattet, geht es auf in ein weiteres skandinavisches Land. Ihr fahrt heute weiter nach Schweden, und zwar nach Göteborg. Dort erwarten euch eine hübsche, kleine Stadt, malerische Schäreninseln und die typische schwedische Cafékultur. Die Strecke von Oslo nach Göteborg ist mit knapp 300 Kilometern gut in drei Stunden zu schaffen. Ihr könnt entspannt frühstücken und euch danach auf den Weg machen, denn ihr habt noch den ganzen nächsten Tag, um Göteborg zu entdecken. Zunächst müsst ihr Oslo auf der E18 in südliche Richtung verlassen. Ihr folgt der Straße für etwa 20 Kilometer, bis ihr auf die E6 trefft. Auf der E6 fahrt ihr die Strecke von 270 Kilometern bis zu eurem heutigen Endziel Göteborg. Auf der Strecke werdet ihr noch eine letzte Mautstation in Norwegen passieren.

In Göteborg angekommen, könnt ihr entweder auf dem Liseberg Campingplatz oder dem Wohnmobilstellplatz in Liseberg euer Quartier für die nächsten beiden Nächte aufschlagen. Am heutigen Tag könnt ihr schon einmal bei einem Rundgang durch Göteborg die gemütlichen, kleinen Viertel entdecken, den Fischmarkt erkunden oder zum schönsten Aussichtspunkt der Stadt spazieren. Am nächsten Tag solltet ihr euch keinesfalls den Liseberg Freizeitpark entgehen lassen und unbedingt eine Bootsfahrt mit den traditionellen Paddans machen.

© BEATRICE TÖRNROS - GÖTEBORG & CO

DIE INOFFIZIELLE HAUPTSTADT

– Göteborg –

Hier kommt ihr noch einmal in den Genuss von Städtereisen, wie man sie sich wünscht – Göteborg ist klein, aber genau darin liegt seine Schönheit. Hier könnt ihr urige Kanäle, die gepflasterten Straßen des historischen Haga und zahllose offene Grünflächen entdecken – darunter auch Schwedens größten botanischen Garten mit über 16.000 verschiedenen Arten. In Göteborg könnt ihr auch ganz in den schwedischen Lebensstil eintauchen und die traditionelle Cafékultur mit „Fika“ (ein Getränk, meist Kaffee, und ein Gebäckstück) genießen oder ihr erkundet die Märkte, die eindrucksvollen Museen und die schicken Restaurants der Stadt. Darüber hinaus erwartet euch ganz in der Nähe das malerische Göteborg-Archipel – einfach zu erreichen mit einer halbstündigen Straßenbahn- sowie einer kurzen Fährfahrt.

Besonderes Highlight für die ganze Familie ist der größte Vergnügungspark Nordeuropas, der Liseberg-Freizeitpark. In einer liebevoll gestalteten Anlage warten etliche Fahrgeschäfte auf euch und die Kinder.

Campingplätze

LISEBERGS CAMPING ASKIM STRAND

PREISE
Camper
mit 4 Personen
260 SEK

ADRESSE
Marholmsvägen 124
436 45 Askim
Schweden

Auch wenn dieser Campingplatz Liseberg Camping heißt, ist er nicht beim gleichnamigen Vergnügungspark gelegen, sondern etwa 15 Kilometer von der Innenstadt Göteborgs entfernt. Der schöne und moderne Campingplatz liegt direkt am Meer und hat alle Annehmlichkeiten, die man sich auf einem Campingplatz wünschen kann. Es gibt sehr gut ausgestattete Küchen, moderne Sanitäranlagen und sogar eine Sauna. Zusätzlich gibt es auf dem Campingplatz ein Restaurant, einen Minimarkt und für die Kids Spielplätze und Minigolf. Der Strand ist fußläufig entfernt.

Auf dem Campingplatz gibt es 250 Wohnmobilstellplätze mit Strom, welche jedoch auf guten Rat hin vorher gebucht werden sollten, da der Campingplatz sehr beliebt ist. Mit dem Bus ist man schnell in der Innenstadt.

LISEBERGSBYN

PREISE
Camper
mit 4 Personen
360 SEK

ADRESSE
Olbersgatan 9
416 55 Göteborg
Schweden

Nahe des Freizeitsparks gelegen, ist der Lisebergbyn Campingplatz. Der Platz ist fußläufig von der Innenstadt und dem Vergnügungspark entfernt. Der Platz ist mit vielen kleinen, schwedischen Holzhäuschen gesäumt und zwischendrin sind die Plätze für Wohnmobile und Zelte. Auch dieser Platz hat alles, was man als Camper benötigt: saubere Sanitäranlagen, ausgestattete Küche, Waschmöglichkeiten und eine Sauna. Die 265 Wohnmobilplätze verfügen alle über Stromanschlüsse und WLAN ist auf dem gesamten Platz kostenlos verfügbar. Etwa einen Kilometer entfernt befindet sich ein sehr schöner See mit einem kinderfreundlichen Strand und mit der Straßenbahn der Linie 5 ist man auch schnell in der Innenstadt. Auch bei diesem Campingplatz raten wir, schon vorher zu reservieren, da schnell alle Plätze ausgebucht sind.

LISEBERG MOTORHOME PARK

PREISE
12 Stunden
180 SEK

24 Stunden
240 SEK

ADRESSE
Skatåsvägen 25
40121 Göteborg
Schweden

Inmitten einer der hippsten Gegenden Göteborgs, Delsjöområdet, befindet sich der Wohnmobilstellplatz Liseberg Motorhome Park. Der Platz liegt in einer sehr schönen und ansehnlichen Gegend in der Nähe des Liseberg-Parks und der Innenstadt Göteborgs. Auf dem Motorhome Park gibt es 37 Stellplätze für Wohnmobile inklusive Strom. Auch Frischwasserversorgung sowie Abwasserentsorgung sind möglich.

Zu Fuß oder mit der Straßenbahn ist man schnell im Zentrum von Göteborg. Ihr könnt den Stellplatz für 12 oder 24 Stunden buchen.

En Riktig
Pantbank
Södra Hamng. 22

Sehenswürdigkeiten

FISCHMARKT „FESKEKÔRKA“

Der Feskekôrka („Fischkirche“) genannte Markt ist ein Mekka für Meeresfrüchteliebhaber und ein lohnenswerter Besuch für alle, die sich für die schwedischen Traditionen und das Marktleben der Göteborger interessieren. Der Fischmarkt ist in einem imposanten Gebäude untergebracht, welches tatsächlich stark an eine Kirche erinnert. Der Architekt Victor von Gegerfelt hat das Gebäude aus dem Jahr 1874 auch gezielt an das Design der norwegischen Stabkirchen und der gotischen Kirchen angelehnt. Hier könnt ihr die verschiedensten Fische und Meeresfrüchte kaufen und probieren.

Adresse: Fisktorget 4, Göteborg

FISCHAUKTION

Die Auktionen auf der größten Fischbörse ganz Schwedens sind ein aufregendes Spektakel, das ihr euch nicht entgehen lassen solltet! Hier wandern in der Stunde mehrere tausend Fische über den Tisch: Es wird gefeilscht, begutachtet, lauthals angepriesen und verkauft. Privatpersonen können hier zwar keinen Fisch kaufen, aber bei den Auktionen dabei zu sein und zu sehen, wie Lachs, Garnelen, Barsche und Tintenfische gehandelt werden, ist definitiv ein aufregendes Erlebnis.

Adresse: Fiskhamnen, Göteborg

COSY
SHOPPING
& FIKA

HAGA
HagaSa en
tel: 031-13 96 90
HAGA

© Superstudio D&D - Göteborg & Co

LISEBERG-FREIZEITPARK

Liseberg ist der größte Freizeitpark Skandinaviens und die Hauptattraktion in Göteborg. Der große Park ist sehr schön gestaltet mit kleinen schwedischen Häuschen, einem Hafen, einer Farm und zwischendrin den Fahrgeschäften. Bei den Fahrgeschäften ist für jeden etwas dabei, egal ob für Groß oder Klein, besonders abenteuerlustig oder eher zurückhaltend. Plant euch genug Zeit ein, um Liseberg zu erkunden. Der Park ist sehr groß und bietet neben den Aktionen auch einfach viele Möglichkeiten, um einen schönen und entspannten Tag zu verbringen.

Adresse: Örgrytevägen 5, Göteborg

Eintritt: mit Fahrgeschäften 385 SEK/nur Park 100 SEK

HAGA

Haga, eines der ältesten Viertel Göteborgs, ist heutzutage in aller Munde und das In-Viertel der Stadt. Hier reiht sich ein Café an das nächste und dazwischen laden kleine, individuelle Läden zum Shoppingbummel ein. Die Fußgängerzone von Haga, Haga Nygata, ist gesäumt von vielen, gut erhaltenen Holzhäusern, in denen ihr die besagten Shops und Restaurants findet. Hier gibt es wirklich alles, was das Herz begehrt: vom Hutmacher über den Chocolatier, den Antiquitätenladen bis zum stylischen Interior-Laden und Vintage-Klamottenladen. Nach ausgiebigen Shoppingeinheiten soll der Genuss nicht zu kurz kommen, aber auch dafür hat Haga die besten Adressen. Hier schlägt das Herz der schwedischen Fika und es wird euch schwerfallen, euch zwischen den vielen schönen Cafés zu entscheiden.

SEHENSWERTE MUSEEN

Falls das Wetter doch nicht so mitspielt, kann man auch in Göteborgs unterschiedlichen Museen viel sehen und erleben. Neben interessanten Ausstellungen gibt es häufig auch kostenlose Spielaktivitäten, Führungen und Workshops. Wer möchte, kann sich ein Sammelticket für die fünf größten Museen kaufen (ca. 4,50 EUR). Damit habt ihr dann freien Eintritt in das **Stadtmuseum**, das **Naturhistorische Museum**, das **Maritime Museum**, das **Göteborger Kunstmuseum** und das **Röhsska Museum für Kunst, Handwerk, Design und Mode**. Auch das **Museum der Kulturen der Welt** ist einen Besuch wert und sogar kostenlos!

SKANSEN KRONAN

Beeindruckende Blicke und ein tolles Panorama über die Stadt bietet die alte Festung Skansen Kronan. Direkt über dem alten Viertel Haga erhebt sich die Festung, die als Verteidigungsanlage errichtet und im Jahr 1697 fertig gestellt wurde. Bei Fertigstellung gab es mehr als 20 Kanonen, die die Stadt und die Festung verteidigen sollten. Doch einen Angriff hat es auf das Fort nie gegeben. Im 19. Jahrhundert wurde die Festung zum Gefängnis und später zum Krankenlager. Während des 20. Jahrhunderts wurde sie dann zu einem Militärmuseum. Hier oben gibt es neben der fantastischen Aussicht auch ein kleines Sommercafé, in dem Eis, Kuchen und mehr verkauft werden. Der steile Aufstieg und die vielen Stufen sind zwar ein wenig schweißtreibend, aber den Aufwand allemal wert!

Ellen af Bohuslän
GÖTEBORG
Brännö
Husvik

Aktivitäten

SIGHTSEEING MIT PADDAN

Die klassische Sightseeingtour durch Göteborg könnt ihr mit den kleinen Paddan-Booten machen. Diese flachen Boote können durch die engen Kanäle, den Burggraben und unter den niedrigen Brücken hindurchfahren. So könnt ihr die Stadt noch einmal ganz anders vom Wasser aus entdecken. Die Fahrt geht vorbei an den bekanntesten Sehenswürdigkeiten: der Oper, dem Fischmarkt, den Parks und an alten Schifffriedhöfen und dem Hafen. Während der Fahrt erzählt der Guide euch mehr über die Geschichte der Stadt und interessante Anekdoten. Die Touren sind zwar etwas touristisch, aber definitiv sehr lohnenswert!

Preise: ab 180 SEK

SCHIFFFAHRT DURCH GÖTEBORG

Eine Fahrt mit der Fähre ist eine wunderbare Art, den Hafen und die neuen Stadtteile entlang des nördlichen Flussufers zwischen den Brücken Älvsborgsbron und Göta Älvbron zu entdecken. „Älvsnabben“, die Fähre des öffentlichen Nahverkehrs, fährt regelmäßig und über viele Zwischenstationen nach Lilla Bommen, Eriksberg und Klippan. Einige Fähren haben Plätze auf dem Dach, von wo aus ihr den besten Blick habt. Das Ticket kostet 28 Kronen, gleichviel wie für Bus und Straßenbahn. Zwischen Stenpiren und Lindholmen ist der Transfer an Wochentagen sogar kostenlos.

AUSFLUG AUF DIE SCHÄRENINSELN

Budgetfreundlich ist ein Tagesausflug zum südlichen Teil der Göteborger Schären, zum Beispiel auf die Inseln Brännö, Styrsö oder Vrångö. Hierher gelangt ihr ganz einfach per Straßenbahn und Fähre, wobei das Ticket vom Stadtzentrum aus lediglich 28 Kronen kostet. Am Ziel angekommen, könnt ihr die schöne Landschaft, malerische Dörfer und die raue Natur genießen. In diesem Teil des Archipels sind die Inseln autofrei und eignen sich hervorragend für lange Spaziergänge oder Fahrradtouren, im Sommer natürlich auch fürs Baden, Sonnen und Schwimmen.

BADESTELLEN

BADEN UND SAUNIEREN IN SPEKTAKULÄRER LOCATION

In Frihamnen gibt es zwei der spektakulärsten Pools und Saunen in ganz Nordeuropa und einen der beliebtesten Badespots der Göteborger. Seit Sommer 2015 können sich nämlich die Städter im Pool von Frihamnen direkt im Fluss Göta Älv abkühlen. Der Pool ist ein abgetrennter Teil des Flusses, der komplett ohne Chlor und Chemikalien und nur durch Pflanzen gereinigt wird. Nebenan steht die Sauna, die sich wunderbar in die Umgebung der alten Schiffbauerindustrie einfügt. Zwischen den Kränen und alten Containern entsteht mittlerweile ein neues Stadtzentrum, in dem mittendrin die außergewöhnliche Sauna steht. Das Gebäude wurde komplett aus recycelten Materialien wie Flaschen und Paletten gebaut.

Adresse: Frihamnen 9, Göteborg

TRÄDGÅRDSFÖRENINGEN

Der Park der Garten-Gesellschaft von Göteborg ist ein Muss für alle Freunde von Pflanzen, Parks und Gärten, denn der Trädgårdsföreningen ist einer der besterhaltenen Bürgerparks des 19. Jahrhunderts. Highlight des Parks ist neben den tausenden von Rosen, Prachtbeeten und Blumenrabatten das Palmenhaus von 1878. Das Gebäude aus Stahl und Glas steht in der Mitte des Parks und beherbergt mehr als 1.200 verschiedene Arten aus dem Mittelmeerraum. Nach einem ausgedehnten Spaziergang durch den weitläufigen Park, könnt ihr im Rosencafé neben dem Rosengarten noch einen kleinen Kaffeestopp einlegen.

Adresse: Slussgatan 1, Göteborg

CAFÉ
HEBBE LELLE

Restaurants

HAGABIONS CAFÉ OCH BAR KINO – HIPPSTER TREFF IM ALTEN KINO

Ein besonders ausgefallenes Café ist die Hagabions Café Bar, die sich in einem alten, kleinen Kino befindet. Sowohl außen im Innenhof als auch im Café selbst ist es sehr gemütlich – überall stehen Vintage-Möbel und an den Wänden hängen alte Filmposter. Das Restaurant gehört zu den ambitioniertesten und beliebtesten vegetarischen Restaurants der Stadt, denn der Chefkoch experimentiert gern bei der Zusammenstellung der Gerichte. Aber es gibt auch bodenständige Sandwiches und Snacks.

Abends kann es in der Bar voll und laut werden, während nebenan im Kino auch häufig noch wirklich Filme gezeigt werden.

Adresse: Linnégatan 21, Göteborg
Preise: €€

CAFÉ HUSAREN – DIE KLASSISCHE FIKA

Das Café Husaren in dem beliebten Viertel Haga ist DIE Adresse für die klassische, schwedische Fika mit einem Gebäckteilchen und Kaffee. Das Café ist berühmt für seine gigantischen Zimtschnecken (eventuell sogar die größten weltweit), kann aber auch mit anderen, köstlichen Gebäckstücken und Teilchen aufwarten. Weitere Besonderheit: Im gemütlichen Café gibt es ein beeindruckendes Glasdach aus dem 19. Jahrhundert und wunderschönen Stuck an der Decke.

Adresse: Haga Nygata 28, Göteborg
Preise: €

RESTAURANT GABRIEL – EINE MEERESFRÜCHTEINSTITUTION

Das Restaurant Gabriel befindet sich im obersten Stock der Markthalle Feskekôrka und ist seit vielen Jahren eine Institution für Fisch und Meeresfrüchte. Im historischen Ambiente gibt es hier außergewöhnliche und perfekt zubereitete Fischgerichte und die berühmten Austern. Beim Buffet können sich Freunde von Meeresfrüchten den Bauch vollschlagen oder eines der traditionellen Gerichte probieren, die schon seit 25 Jahren auf Karte stehen, z.B. die Zitronen-Scholle mit Pilzen und geschmolzener Butter. Ein echter Klassiker!

Adresse: Markthalle Feskekôrka, Göteborg

Preise: €€€

DAUER CA. 20 MINUTEN / ZUTATEN FÜR 2 PERSONEN

SCHWEDISCHE Feierabendpfanne

Dieses Gericht ist das schwedische Feierabendgericht schlechthin: Es ist superschnell zubereitet und man braucht nur wenige Zutaten. Also auch genau das richtige Campinggericht. Nach einem aufregenden Tag im Liseberg-Freizeitpark oder nach einem ausgiebigen Stadtspaziergang könnt ihr den Gaskocher anschmeißen und euch die leckere Feierabendpfanne zubereiten.

400 g Kartoffeln
150 g Räucherspeck
2 Frühlingszwiebeln
2 EL Pflanzenöl

⅓ Bund Dill
Salz
Pfeffer
3 Eier

Als Erstes müsst ihr die Kartoffeln schälen und zusammen mit dem Speck in ca. 1 cm große Würfel schneiden. Dann die Frühlingszwiebeln in feine Ringe schneiden. Als Nächstes das Öl in einer Pfanne erhitzen und den Speck und Kartoffeln in das heiße Öl geben, 1–2 Minuten anbraten und mit einem Deckel abdecken. Jetzt die Hitze reduzieren und ca. 10–12 Minuten braten. Gelegentlich umrühren. Nun könnt ihr den Dill fein hacken und eurer Pfannengericht mit Salz, Pfeffer und Dill abschmecken. An einigen Stellen die Kartoffeln etwas zur Seite schieben, um Platz für die Spiegeleier zu machen. Eier in die Kuhlen gleiten lassen, kurz anbraten und mit Frühlingszwiebeln bestreuen. Pfanne erneut abdecken. Weitere 3 Minuten garen lassen, dann in der Pfanne servieren.

© LAURA BRECHTEL

BLOGGERINTERVIEW

Mandy Raasch

MOOVINGROOVIN.DE

1 Warum sollten Camperreisende nach Göteborg kommen?

Göteborg ist eine wunderschöne Stadt an der Westküste von Schweden. Trotz ihrer Größe (mit ihren 540.000 Einwohnern nach Stockholm immerhin die zweitgrößte Stadt Schwedens) geht es dort sehr entspannt zu. Es gibt viele Parks und eine ganze Menge zu entdecken.

Die Sehenswürdigkeiten der Innenstadt kann man dabei bequem zu Fuß erkunden. Und es gibt eine Menge zu entdecken! Zum Beispiel:

- für Autofans das Volvo-Museum (die Firma Volvo stammt aus Göteborg)
- für Fotografiebegeisterte das Hasselblad Center, wo Ausstellungen schwedischer und internationaler Fotografen stattfinden
- für Kunstbegeisterte: das Göteborg Kunstmuseum

In der Nähe von Göteborg gibt es einen Campingplatz, der sich für einen Besuch in der Stadt anbietet. Dieser ist zwar etwas abgelegen, aber mit der Straßenbahn ist man innerhalb von 15 Minuten in der Innenstadt: Liseberg's camping Delsjön (290 SEK pro Nacht). Ich empfehle, das Auto auf dem Campingplatz zu lassen und die Stadt mit den öffentlichen Verkehrsmitteln zu besuchen. Das ist viel entspannter, denn manche Straßenführung in Göteborg ist recht verwirrend und können Fahrer (und Navi) leicht zum Verzweifeln bringen.

② Welche Geheimtipps hast du für Göteborg?

Wer Göteborg für mindestens zwei Tage erkunden will, dem empfehle ich die City Card (www.goteborg.com/en/citycard/). Damit kann man viele Museen und andere Sehenswürdigkeiten der Stadt besuchen, ohne jedes Mal extra Eintritt zu zahlen. Auch Stadtrundfahrten im Bus oder per Boot sind inklusive. Für eine gemütliche und witzige Stadttour empfehle ich eine Tour mit dem Paddan. Das Boot schlängelt sich gemächlich durch die Kanäle der Stadt, während der Tourguide spannende Fakten und Kuriositäten über Göteborg (auf Schwedisch und Englisch) berichtet. Dies ist eine entspannte Form des Sightseeings – man bekommt einen guten Überblick über Göteborg und erfährt dabei vieles über die Geschichte der Stadt. Eine Fahrt in der historischen Tram ist ebenfalls ein Muss! Diese fährt zwischen der Innenstadt und dem Vergnügungspark Liseberg. In der Tram arbeitet noch ganz wie früher ein Fahrkartenverkäufer in schicker Uniform. Die Tram ruckelt durch die Straßen und es fühlt sich an wie eine kleine Zeitreise …

③ Welche Ausflugstipps hast du für Göteborg?

Wer Spaß an Freizeitparks hat, der wird sich in Liseberg wohl fühlen! Der Park ist sehr schön gestaltet, vor allem das Riesenrad ist fantastisch – die Fahrt bietet einen perfekten Blick über die Stadt. Der Eintritt zum Park ist ebenfalls in der City Card enthalten. Allerdings kostet jedes Fahrgeschäft noch mal extra. Im Park gibt es ein sehr gutes Restaurant (The Green Room) – dort wird ein sehr leckeres, rein vegetarisches Buffet angeboten! Ein Besuch mit knurrendem Magen lohnt sich definitiv! Für Shoppingfans bietet sich ein Besuch bei Nordstan an – dem größten Einkaufszentrum Europas, mitten in Göteborg. Insgesamt bieten ca. 200 Geschäfte in der Nordstan ihre Waren und Dienstleistungen an. Zur Dimension: Das Einkaufszentrum ist so groß wie 55 Fußballfelder.

Über mich

Mein Name ist Mandy Raasch, ich habe die letzten Jahre in Berlin gelebt, zuvor einige Jahre in Buenos Aires, Argentinien. Seit 2016 bin ich als Vannomadin in der Welt unterwegs, habe den Sommer über drei Monate lang Skandinavien bereist und genieße die Natur und die Freiheit und freue mich jeden Tag auf neue Abenteuer!

Tag 14

FAHRT VON GÖTEBORG NACH MALMÖ

In Malmö erwartet euch die beeindruckende Öresundbrücke und das moderne Westhafenviertel mit seinem bekannten Turning Torso. Doch auch die niedlichen Fachwerkhäuser in der Altstadt sollte man auf keinen Fall verpassen!

Tagesablauf

Entfernung:
275 km

Fahrzeit:
3 Stunden

Besonderheiten:
Maut

Heute steht bereits der letzte richtige Reisetag eurer Norwegen- und Skandinavientour an und so langsam geht es wieder Richtung Süden. Bevor es aber so weit ist, habt ihr noch einen Tag im schönen, südschwedischen Malmö vor euch. Die Strecke dahin beträgt etwa 275 Kilometer und ihr solltet dafür etwa drei Stunden einplanen. Macht euch morgens nach dem Frühstück auf den Weg, dann habt ihr noch ein etwas vom Tag in Malmö.

Auch heute geht es wieder die ganze Strecke entlang der E6. Fahrt daher südlich des Flusses auf die E6 und folgt ihr die 275 Kilometer bis nach Malmö. Während der Fahrt werdet ihr noch eine letzte Mautstation passieren. In Malmö angekommen, könnt ihr es euch im schönen First Camp Malmö schon mal gemütlich machen und danach noch ein wenig durch die Stadt bummeln.

Malmö ist, obwohl es Schwedens drittgrößte Stadt ist, angenehm klein und man kann alle Highlights zu Fuß erkunden. Spaziert einfach ein wenig durch die Stadt, erkundet das moderne Viertel Västra Hamnen mit seinem Turning Torso, die kleinen Fachwerkhäuser in der Altstadt Lilla Torg und gönnt euch noch eine letzte schwedische Fika.

Am Abend dann noch ein leckeres Campergericht, und der letzte Urlaubstag ist perfekt.

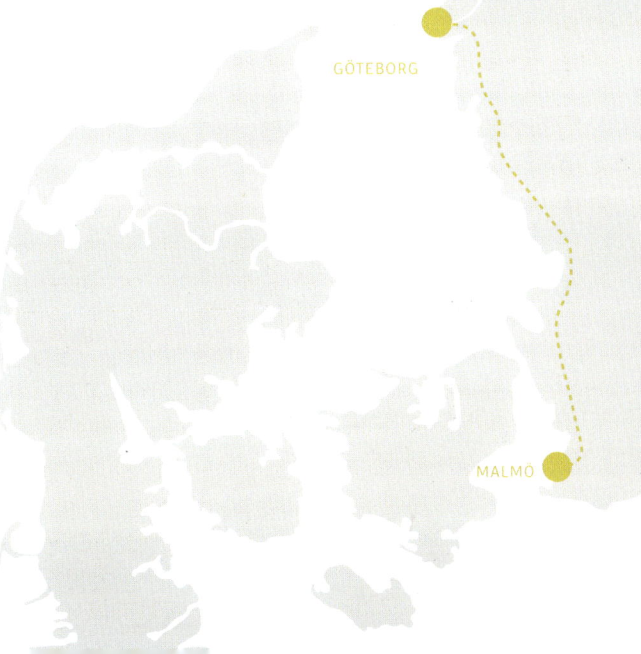

KESS

© ALINE LESSNER – IMAGEBANK SWEDEN

ALTSTADT TRIFFT MODERNE

– Malmö –

Malmö ist die drittgrößte Stadt Schwedens und liegt mit dem Zug nur etwa zehn Minuten vom dänischen Lund entfernt. Malmö bietet eine schöne Mischung aus Alt und Neu: Neben der Altstadt mit den kleinen bunten Holzhäusern und dem Rathausplatz gibt es aber auch extrem neue und moderne Viertel. Eines davon ist Västra Hamnen. In diesem komplett neuen Viertel wurden etliche moderne Gebäude mit großem Wert auf Nachhaltigkeit gebaut. Hier befindet sich auch der berühmte Turning Torso, welcher mit 190 Metern das höchste Gebäude Skandinaviens ist und mit seiner besonderen Bauweise sehr fasziniert. Allgemein ist Malmö eine sehr grüne Stadt. Das liegt nicht nur an den vielen Parks, sondern auch daran, dass die Stadt in Sachen Umweltschutz Maßstäbe setzt. Malmö will bis 2020 CO_2-neutral sein und die gesamte Region zu 100 Prozent durch erneuerbare Energie versorgen. Auch Radfahren ist bei den Malmöern sehr beliebt. Kein Wunder bei der Infrastruktur: Die Stadt bietet rund 490 Kilometer ausgebaute Radwege, rund 25 Prozent des Verkehrsaufkommens werden von Fahrrädern bestritten.Wer genug hat vom Radfahren, Einkaufsbummel oder Kulturgenuss, kann sich eine kleine Abkühlung in der Ostsee gönnen. Denn: Malmö hat einen Strand, von dem aus man eine herrliche Aussicht auf das Meer und die Öresundbrücke hat. Generell hat die Stadt einfach eine gute Größe: Malmö ist nicht zu groß und nicht zu klein, sondern gerade richtig für eine Erkundungstour.

Campingplätze

FIRST CAMP MALMÖ

PREISE
Camper
mit 4 Personen
345 SEK

ADRESSE
Strandgatan 101,
2166 Malmö

Der Campingplatz First Camp liegt etwas außerhalb der Innenstadt von Malmö direkt an der Ostsee. Die schönen Plätze sind durch gepflegtes Grün in unterschiedliche Felder gegliedert, sodass jeder sein eigenes privates Plätzchen hat. In wenigen Schritten ist man am Ufer und hat eine wundervolle Aussicht auf die Öresundbrücke. Neben sauberen Sanitäranlagen mit allem, was man braucht, gibt es einen Spielplatz für Kinder, einen kleinen Supermarkt und ein Restaurant.

Der Platz ist stadtnah und verkehrsgünstig gelegen und mit dem Fahrrad oder den öffentlichen Verkehrsmitteln ist man sehr schnell in der Innenstadt.

© PIXABAY

Sehenswürdigkeiten

DIE ÖRESUNDBRÜCKE

Die Öresundbrücke ist ein eindrucksvolles architektonisches Bauwerk und fügt sich imposant in die skandinavische Landschaft ein. Die Brücke verbindet Kopenhagen und Malmö und ist eine Kombination aus Straße und Schienen und kann so mit Autos oder mit dem Zug überquert werden. Die ersten acht Kilometer verlaufen oben auf der Brücke, bis dann die verbleibenden vier Kilometer durch den längsten Unterwassertunnel der Welt verlaufen. Wer nicht die Möglichkeit hat, selbst über dieses beeindruckende Bauwerk zu fahren, sollte sich aber keinesfalls den Blick auf die Brücke vom Strand aus entgehen lassen.

ST.-PETER-KIRCHE

Als das älteste Gebäude in Malmö sollte die wunderschöne St.-Peter-Kirche (St. Petri Kyrka) aus dem frühen 14. Jahrhundert nicht verpasst werden. Sie wurde als Basilika mit drei Längsschiffen und einem Querschnitt im Stil der baltischen Backsteingotik errichtet. Auch im Innenraum gibt es beeindruckende Fresken, die sich kein Kunstfreund entgehen lassen sollte.

VÄSTRA HAMNEN UND DER TURNING TORSO

Das Västra Hamnen (Westhafen) ist eines der nachhaltigsten Viertel von Malmö, das von beeindruckender Architektur und einem fantastischen Blick auf den Öresund und die Öresundbrücke geprägt ist. Das Viertel lockt neben dem spektakulären, 190 Meter hohen Turning Torso mit seinen verwinkelten Gassen, seiner interessanten Architektur und seinen wunderschönen Stränden und Badeplätzen. Auch der Stapelbäddsparken befindet sich hier, der Skateboarder aus der ganzen Welt anzieht. Das Viertel bietet die Möglichkeit zu wunderschönen Spaziergängen, tollen Badeerlebnissen, gemächlichem Speisen in Restaurants, Kaffeepausen und Picknicks auf der Wiese sowie Spiel und Spaß bei energiegeladenen Aktivitäten. Wer hoch hinaus will: Im Sommer ist das oberste Stockwerk des Turning Torso für den Publikumsverkehr geöffnet.

LILLA TORG

Der bezaubernde, 1592 errichtete Lilla Torg (kleiner Markt) ist ein beliebter Treffpunkt zum Mittagessen, Kaffeetrinken und Ausgehen. Im Sommer verwandelt sich der ganze Platz in eine einzige große Fläche, wo im Freien zu Abend gegessen wird. Für viele ist der bezaubernde Marktplatz Lilla Torg der ideale Ausgangspunkt für Abendunternehmungen, denn viele der beliebtesten Bars und Clubs Malmös liegen direkt hier am Platz.

MODERNA MUSEET MALMÖ

Ein kleines Stück Stockholm in Malmö. Wer sich für Kunst interessiert, kann im alten Elektrizitätswerk von Malmö moderne und zeitgenössische Kunstwerke betrachten. Das Moderna Museet ist eine Zweigstelle des legendären Stockholmer Originals, das vom preisgekrönten Architekturbüro Tham & Videgård Arkitekter gebaut wurde. Im ehemaligen Elektrizitätswerk findet ihr schwedische und internationale Kunst des 20. und 21. Jahrhunderts. Kunstwerke und Fotografien von namhaften Künstlern wie Dalí, Magritte, Oppenheimer oder Munch gehören zur Sammlung. Auch die wechselnden Ausstellungen sind immer sehenswert.

Adresse: Ola Billgrens plats 2-4, Malmö

Aktivitäten

RUNDAN SIGHTSEEING

Ähnlich wie in Göteborg, kann man auch Malmö vom Wasser aus erleben. An Bord der Strömma-Sightseeing-Boote „Rundan“ könnt ihr die Stadt von den kleinen Kanälen aus besichtigen. Die Fahrt geht unter Brücken hindurch und durch die grünen Parks. Während der Fahrt gibt es lebendige Erzählungen zur Geschichte, zu den Gebäuden und Anekdoten rund um Malmö. Seit 2015 gibt es auch die Möglichkeit, sich ein eigenes Boot zu mieten und so selbst als Kapitän eines der solarbetriebenen „Rundan“-Bootes durch die Kanäle von Malmö zu steuern.

RADFAHREN

Am besten könnt ihr Malmö per Rad entdecken. Die Stadt hat ein umfassendes Radwegenetz, das über 500 Kilometer lang ist. Wer ohne Fahrrad anreist, ist aber trotzdem nicht aufgeschmissen, denn Malmö By Bike, das neue Fahrradverleihsystem Malmös, umfasst 50 Stationen in der ganzen Stadt sowie 500 Leihräder. Über die gleichnamige App findet ihr verschiedene Informationen wie die Standorte der Fahrradstationen und einen Stadtplan. Oder ihr holt euch die Radwegekarte persönlich in der Fremdenverkehrszentrale von Malmö ab. Da bekommt ihr auch Tipps für schöne Radtouren durch Malmö und das Umland.

MAZETTI – MALMÖ CHOKLADFABRIK

Wer schon immer mehr über Schokolade wissen wollte, findet in der Schokoladenfabrik von Malmö alle Antworten unter einem Dach. Das informative Schokoladenmuseum liegt in der ehemaligen Mazetti-Fabrik. Hier lernt ihr die Geschichte der Schokolade kennen und erfahrt, wie sie hergestellt wird. Ihr könnt natürlich auch im Museumsladen Schokolade kaufen – wie wäre es zum Beispiel mit der Malmöpraliné, Trüffeln oder anderen Leckereien? Die Schokoladenfabrik ist auch Heimat für Malmös neues Kulturquartier und – nach einer behutsamen Renovierung – Basis für verschiedene kulturelle Angebote wie eine Comic-Zeichenschule, ein Restaurant und einen Nachtclub.

Adresse: Möllevångsgatan 36, Malmö

BADESTELLEN KALLBADHUSET UND DER STRAND VON RIBERSBORG

Das Ribersborg-Freibad aus dem Jahr 1898, auch „Kallis“ genannt, ist ein beliebtes Ausflugsziel für Wasserratten und Cafébesucher. Hier könnt ihr das ganze Jahr im Salzwasser baden und schwimmen oder das Saunaangebot mit Holzofensauna nutzen.

Ribersborg ist mit seinem drei Kilometer langen Sandstrand ein ideales Ziel und ist bei allen beliebt, die bei heißem Wetter im Meer baden möchten.

Adresse: Limhamnsvägen, Brygga 1

daBryggeriet
ÄSTA
GERN
UST LAGERÖL

Restaurants

SALT & BRYGGA

Das Salt & Brygga ist DAS Bio-Restaurant der Stadt. Jeder kennt es, jeder liebt es. Direkt am Meer an der Promenade gelegen, gibt es hier „Schwedische Küche inspiriert vom Mittelmeer". Das ist dann zum Beispiel Bio-Hühnchen mit Dinkelrisotto oder Seehecht mit warmem Kartoffelsalat. Alle Produkte sind in Bio-Qualität und gleichzeitig aus der Region – Fischsorten von der Roten Liste oder importiertes Gemüse findet man hier nicht. Sehr leckeres Essen in schöner Atmosphäre – für den letzten Abend auch sehr zu empfehlen!

Adresse: Sundspromenaden 7, Malmö
Preise: €€€

HOLLANDIA

Wer es klassisch mag, geht zu Hollandia für seine Fika, den Kaffee mit süßem Gebäck. Der Gast sitzt unterm Kronleuchter in Malmös ältester Konditorei und genießt die vielen Köstlichkeiten des Hauses. Und auch um 12 Uhr schmeckt die Himbeertorte schon vorzüglich. Für den herzhaften Genuss gibt es auch leckere Sandwiches.

Adresse: Södra Förstadsgatan 8, Malmö
Preise: €

BASTARD

Eines der ausgefalleneren Restaurants von Malmö ist das Bastard. Seit der Eröffnung ist das Lokal in aller Munde, denn hier versorgt der Küchenchef Andreas Dahlberg die Malmöer mit ungewöhnlichen Kreationen wie „Enteneier mit weißem Spargel“ oder „Schweineleber mit Zwiebeln, karamellisierten Äpfeln und Walnüssen“. Wer keinen Tisch reserviert hat, kann versuchen, an der Bar einen Platz zu ergattern. Köstlich zubereitetes Essen und neue skandinavische Küche mit Pfiff.

Adresse: Mäster Johansgatan 11, Malmö

Preise: €€

DAUER CA. 20 MINUTEN / ZUTATEN FÜR 2 PERSONEN

KLASSISCHER Burger

Ein saftiger Burger gehört zum Campen einfach dazu. Das Gute ist: Man kann ihn auf dem Grill oder in der Pfanne zubereiten. Außerdem gibt es endlose Variationen und Möglichkeiten, den Burger zu individualisieren und ganz nach dem eigenen Geschmack zu gestalten. Wir haben uns für den klassischen Hamburger bzw. Cheeseburger entschieden.

1 rote Zwiebel
250 g Rinderhack
½ Knoblauchzehe, gehackt
Salz
Pfeffer
Käse (z.B. Cheddar oder Gouda)
Tomatenketchup
Salat (Eisbergsalat oder Rucola)
Gewürzgurken
2 Hamburgerbrötchen

Zunächst müsst ihr die Zwiebel in feine Ringe schneiden. Dann das Hackfleisch mit dem Knoblauch mischen, mit Salz und Pfeffer großzügig würzen und alles gut durchkneten. Daraus dann Burger formen und diese auf dem Grill oder in der Pfanne braten. Nach etwa 5 Minuten wenden und von der anderen Seite noch einmal 5 Minuten braten. Kurz vor dem Ende auf jeden Burger noch eine Scheibe Käse legen und langsam schmelzen lassen. Wer den Burger in der Pfanne zubereitet, kann noch die Zwiebelringe hinzugeben und karamellisieren lassen. In der Zwischenzeit könnt ihr schon den Salat waschen und die Gewürzgurken in Scheiben schneiden. Die Hamburgerbrötchen aufschneiden und kurz von beiden Seiten grillen oder in der Pfanne rösten. Nachdem die Brötchen geröstet wurden, könnt ihr mit dem Belegen anfangen. Nach Belieben Ketchup, Salat, Gewürzgurken, Zwiebelringe zu dem Fleisch geben, den Deckel darauf setzen und fertig.

+ BLOGGERINTERVIEW +

Synke Nepolsky

SYNKE-UNTERWEGS.DE

1 Warum sollten Camperreisende nach Malmö kommen?

Malmö ist eine sehr überschaubare „Großstadt" im Süden Schwedens. Sie ist mit der Öresundbrücke mit der dänischen Hauptstadt Kopenhagen verbunden, was für mich einen Teil des Reizes ausmacht. Also zum einen die Nähe zu Kopenhagen und zum anderen die beeindruckende Architektur der weltweit längsten Schrägseilbrücke. Eine Überfahrt mit dem Camper ist aufgrund der sehr hohen Mautgebühren allerdings nicht zu empfehlen. Für einen Ausflug lieber den Zug nehmen. Bei einem entspannten Bummel durch die kleine noch gut erhaltene Altstadt mit der St.-Petri-Kirche, über den Stortorget („großer Platz") und den Lilla Torg („kleinen Markt") taucht man ganz langsam in das Malmöer Stadtleben ein. Auf der Suche nach einem erschwinglichen und gesunden Mittagstisch übersieht man die Agnesgatan-Gasse fast. In der Nr. 11 befindet sich das vegane Café Agnes mit Sitzplätzen im Garten.

Danach lässt sich frisch gestärkt der nahegelegene Kungspark (Königspark) samt Burg und Windmühle erkunden. Auf dem Rückweg bestaunt man gut erhaltene historische Gebäude in Kombination mit sehr stilvoller neuer Architektur und breiten Radwegen, überall, wohin man schaut. Auch wenn man Malmö locker zu Fuß erkunden kann, ist Radfahren hier definitiv eine Freude.

Den berühmten geschwungen Turm (Turning Torso) von Santiago Calatrava kann man zwar auch vom Kungspark sehen. Besser und näher dran ist man allerdings direkt vom Park Ribersborgstranden. An dessen östlichem Ende befindet sich der Yachthafen Limhamn mit Stellplatz für den Camper inklusive sanitären Anlagen, Grillplatz und WLAN. Kosten pro Nacht ca. 22 Euro.

❷ Welche Geheimtipps hast du für Malmö?
Malmö mit dem Fahrrad erkunden! Man kommt nicht nur leichter und schneller voran, die Radwege sind sehr gut ausgebaut und der Straßenverkehr ist absolut überschaubar. Die Gassen der Altstadt sind zu Teilen auch komplett autofrei. Falls man keine eigenen Bikes am Campervan mitführt, einfach Räder ausleihen.

❸ Welche Tipps für Fotos in Malmö hast du?
Der Park Ribersborgstranden am Wasser mit Blick auf Kopenhagen, am besten kurz vor Sonnenuntergang. Dort bekommt man auch gleich noch den geschwungen Turm (Turning Torso) vor die Linse. Natürlich unbedingt die Öresundbrücke zu Sonnenuntergang und/oder zur blauen Stunde am Abend. Abgesehen davon findet man aber überall in Malmös Zentrum viele interessante Fotospots. Ich fand den Kontrast zwischen alter und neuer Architektur spannend und bin ja auch bekennender Streetphotography-Fan. Zwar ist Malmö alles andere als rappelvoll mit Menschen. Die alltäglichen Szenen lassen sich trotzdem mit etwas Geduld an vielen Ecken einfangen.

Über mich
Ich bin Synke, lebe in Berlin und reise nie ohne meine Kamera. Auf meinem Blog Synke unterwegs schreibe ich über meine Reisen und teile mein Wissen zur Reisefotografie. Ich war bereits mehrfach in Finnland und Dänemark und im letzten Sommer auch endlich für drei Wochen im schönen Schweden. Natürlich im Campervan. Schweden: synke-unterwegs.de/schweden-roadtrip-im-campervan

AND SO THE

adventure

ENDS

Wir hoffen, du hattest einen
unvergesslichen Urlaub! Jetzt sind wir natürlich gespannt
auf deine Geschichten und Urlaubsfotos.

Zeig uns deine Urlaubsfotos und lade sie auf
Instagram oder Facebook mit dem Hashtag
#paulcamper hoch oder verlinke uns!

Und was hast du auf deiner Camperreise erlebt?
Gab es spannende Erlebnisse, einzigartige Momente,
besonders schöne Augenblicke?

Dann schreib uns deinen Reisebericht!
Wir lieben es, die Geschichten anderer Camper
zu lesen und an ihren Abenteuern teilzuhaben.
Besonders schöne Geschichten veröffentlichen wir auf
unserer Seite und im PaulCamper-Magazin.

AUF NACH HAUSE!

Leider geht auch die schönste Reise einmal zu Ende und heute geht es für euch zurück nach Hause. Je nach Wohnort und Strecke, die ihr heute fahren müsst, müsst ihr frühzeitig starten, denn wahrscheinlich ist die Tour recht lang. Ihr habt mehrere Möglichkeiten, zurück nach Deutschland zu kommen. In allen Fällen müsst ihr jedoch eine Fähre nehmen, wenn ihr nicht nur über Dänemark zurückfahren wollt oder könnt.

Heimfahrt

Route 1

VON TRELLEBORG NACH ROSTOCK

Die einfachste und mitunter schnellste Möglichkeit zurück nach Deutschland ist die Fähre von Trelleborg nach Rostock. Trelleborg liegt etwa 30 Kilometer von Malmö entfernt und so braucht ihr nur knapp eine halbe Stunde bis zum Hafen. Von dort legt die Fähre morgens um 7 Uhr ab und die Fahrt dauert ca. sechs Stunden. Ihr kommt also ungefähr um 13 Uhr in Rostock an und könnt euch von dort auf die Rückreise nach Hause machen.

Dauer: 6 Stunden, Anreise zur Fähre: 30 Minuten

FÄHRE VON MALMÖ NACH TRAVEMÜNDE

Route 2

Eine andere Möglichkeit ist die Fähre direkt von Malmö nach Travemünde. Diese Fahrt dauert mit knapp neun Stunden relativ lange, aber hat natürlich den Vorteil, dass ihr direkt von Malmö starten könnt und schon etwas weiter westlich in Deutschland anlegt. Die Abfahrtszeiten sind jeweils immer um 16 und 22 Uhr. Damit kommt ihr entweder nachts oder am frühen Morgen in Deutschland an.

Dauer: 9 Stunden, Anreise zur Fähre: 10 Minuten

FÄHRE VON RODBY NACH PUTTGARDEN (FEHMARN)

Route 3

Eine dritte Möglichkeit ist die Fähre von Rodby in Dänemark nach Puttgarden auf Fehmarn. Leider gibt es die Fehmarnbelt-Brücke noch nicht, deshalb müsst ihr auch hier wieder die Fähre nehmen. Zunächst müsst ihr von Schweden nach Dänemark fahren und dort an Kopenhagen vorbei auf die Insel Lolland im Süden Dänemarks. Von Rodby fährt die Fähre nach Puttgarden auf Fehmarn, was nur knapp 45 Minuten dauert. Alle 40 Minuten ist jeweils eine Überfahrt. Dafür ist natürlich die Anreise nach Rodby etwas länger und dauert ungefähr zwei Stunden. Von Fehmarn aus könnt ihr euch dann auf den Weg nach Hause machen.

Dauer: 45 Minuten, Anreise zur Fähre: 2 Stunden

NACH DER REISE

Kapitel drei

© CARINA HOFMEISTER

+++ EURE +++

Urlaubskosten

FÜR 2 PERSONEN

KRAFTSTOFFKOSTEN

Annahmen:

Verbrauch 10 l auf 100 km

Gesamtstrecke Rundreise:

2.100 km

+ Anfahrtsweg (individuell)

= 210 l Verbrauch

Aktueller Benzinpreis:

1,68 EUR/Liter (Stand 1.2.2018)

Aktueller Dieselpreis:

1,57 EUR/Liter (Stand 1.2.2018)

INSGESAMT

ca. 350 EUR (Benzin)

Preis Diesel: ca. 330 EUR

FÄHRKOSTEN

Hirtshals–Stavanger:

282 EUR für 2 Personen + 1 Fahrzeug (Wohnmobil < 5 m)

Route Stavanger–Bergen:

Mortavika–Arsvagen Fähre:

Fahrzeug inklusive Fahrer 185 NOK

+ zusätzlicher Erwachsener 46 NOK

= 231 NOK

Sandvikvåg–Halhjemless Fähre:

Fahrzeug inklusive Fahrer 221 NOK

+ zusätzlicher Fahrer 69 NOK

= 290 NOK

Route Flåm–Geiranger

Fodnes–Mannheller Fähre:

Fahrzeug: 114 NOK

Hellesylt–Geiranger Fähre:

Fahrzeug inklusive Fahrer 300 NOK

+ zusätzlichen Fahrer 150 NOK

= 450 NOK

Route Geiranger–Lillehammer

Eidsdal–Linge Fähre:

Fahrzeug inklusive Fahrer 79 NOK

+ zusätzlicher Fahrer 33 NOK

= 112 NOK

ALLE FÄHREN

1.197 NOK = ca. 130 EUR

CAMPINGPLÄTZE

Stavanger:

(2×) 240 NOK oder 200 NOK

Bergen:

(2×) 245 NOK oder 150 NOK oder 210 NOK

Flåm

(2×) 260 NOK oder 250 NOK

Geiranger:

(2×) 230 NOK oder 180 NOK

Lillehammer:

(1×) 309 NOK oder 280 NOK

Oslo:

(2×) 300 NOK oder 285 NOK

INSGESAMT

ca. 2490 NOK = ca. 260 EUR

Göteborg:

(2×) 240 SEK

Malmö:

(1×) 350 SEK

INSGESAMT

ca. 830 SEK = ca. 85 EUR

MAUT

Stavanger–Bergen:

52 NOK

Bergen–Flåm:

43 NOK

Flåm–Geiranger:

0 NOK

Geiranger–Lillehammer:

133 NOK

Lillehammer–Oslo:

151 NOK

Oslo–Göteborg:

22 NOK

INSGESAMT

401 NOK= ca. 45 EUR

B US 9690

+++ EURE +++

Urlaubskosten

FÜR 2 PERSONEN

Miete Fahrzeug	1.035 EUR	15 Tage à 69 EUR
Kraftstoffkosten	350 EUR	2.100 km à 10 l/100 km
Maut	45 EUR	6 Mautstationen
Fähren	420 EUR	6 Fähren
Campingplätze	350 EUR	8 Campingplätze
Kosten insgesamt:	2.200 EUR	
pro Person:	1.100 EUR	

50 €
RABATT
AUF DEINE
PAULCAMPER
REISE*!

Gutschein

Bei PaulCamper findest du das passende Reisemobil für deine Skandinavien Rundreise. Egal, ob du mit der ganzen Familie unterwegs bist, mit ein paar Freunden oder nur zu zweit mit deinem Schatz. Vom großen Alkoven-Wohnmobil für die ganze Familie bis zum coolen Retro-Bus findest du alle Arten von Campern und Wohnmobilen bei PaulCamper.

Miete dir jetzt das passende Reisemobil für deinen Skandinavien Roadtrip auf www.paulcamper.de! Gib einfach bei der Buchung folgenden Code ein:

Skandinavien

*** DU ERHÄLTST BEI EINER BUCHUNG BIS 31.12.2018 EINEN RABATT VON 50€ FÜR DEINE REISE MIT PAULCAMPER. (MINDEST-REISEPREIS 750€)**

AUCH BEI UNSEREM PARTNER FJORD LINE KÖNNT IHR 10% RABATT AUF EURE BUCHUNG DER FÄHRE NACH STAVANGER ERHALTEN. WEITERE INFORMATIONEN FINDET IHR UNTER: HTTPS://WWW.FJORDLINE.COM/DE/PAULCAMPER

© LAURA BRECHTEL

Eigene Notizen

Eigene Notizen

Danksagungen

An dieser Stelle möchten wir uns bei
unseren Kooperationspartnern VisitNorway, VisitSweden
und Fjord Line bedanken, die uns bei der Erstellung
dieses Reiseführers unterstützt haben.

Vielen Dank auch an die vielen Blogger,
die uns mit ihren Geschichten, Geheimtipps und ihrem Insiderwissen
aus ihren Reisen nach Skandinavien versorgt haben.

Danke an Synke von synke-unterwegs.de, Christian und Carina
von travelography.de, Mandy von moovingrovvin.de,
Timo von bruderleichtfuss.de
und Yvonne von somewhereelse.de.

Wir freuen uns, dass wir zusammen ein informatives
und spannendes Produkt erstellt haben, mit dem wir
unsere Freude und Leidenschaft am Campen
mit vielen anderen teilen können.

AND SO THE
adventure
GOES ON
© PEXELS

Ab an den Atlantik!

Im nächsten Buch geht es in den Süden! Wir nehmen euch mit eurem Campervan an die französische Atlantikküste. Es geht in kleine französische Strand-Städtchen, auf idyllische Inseln in der Bretagne und in Neu-Aquitanien, in wunderschöne Weinberge und gemütliche, kleine Bergdörfer. Wir entdecken zusammen die schönsten Strände, die buntesten Märkte und die abwechslungsreiche Natur am Atlantik.

ERHÄLTLICH AB HERBST 2018!

REISEN SURFEN KOCHEN

Impressum

HERAUSGEBER
PaulCamper GmbH
Berliner Straße 25
16321 Bernau bei Berlin
www.paulcamper.de

PROJEKTLEITUNG PAULCAMPER
Viktoria Hager

AUTOR
Carina Hofmeister

REDAKTION
Corinna Nikolaus

LEKTORAT
Karin Huck

SATZ UND GESTALTUNG
Tina Defaux

FOTOGRAFIE UMSCHLAG
Cover und U3: Unsplash,
U4: Unsplash,
Carina Hofmeister,
Laura Brechtel

FOODFOTOGRAFIE
Laura Brechtel

STYLING
Sarah Brechtel

DRUCK
Finidr s.r.o.

Printed in Czech Republic
ISBN 978-3-86528-955-1

© UNSPLASH

Besuchen Sie uns im Internet: www.umschau-buchverlag.de